101
금융

101 금융

단어로 논술까지 짜짜짜: 진짜 핵심 진짜 재미 진짜 이해

ⓒ 한진수 2023

초판 1쇄	2023년 2월 28일
지은이	한진수

출판책임	박성규	**펴낸이**	이정원
편집주간	선우미정	**펴낸곳**	도서출판 들녘
기획·편집	김혜민	**등록일자**	1987년 12월 12일
디자인진행	한채린	**등록번호**	10-156
일러스트	에이욥프로젝트	**주소**	경기도 파주시 회동길 198
편집	이동하·이수연	**전화**	031-955-7374 (대표)
디자인	고유단		031-955-7389 (편집)
마케팅	전병우	**팩스**	031-955-7393
멀티미디어	이지윤	**이메일**	dulnyouk@dulnyouk.co.kr
경영지원	김은주·나수정		
제작관리	구법모		
물류관리	엄철용		

ISBN	979-11-5925-774-2 (43320)
세트	979-11-5925-777-3 (44080)

101 금융

단어로
논술까지
짜 짜 짜

한진수
지음

미우나 고우나 돈이 필요한 세상이에요. 돈 없이 살 수 있는 사람은 없지요. 그렇다고 돈이 많을수록 좋고, 인생 목표를 '돈 많이 벌기'로 세워야 한다는 뜻은 절대 아닙니다. 부자라고 모두 행복하지는 않으니까요.

이런 사실을 모른 채 돈을 삶의 목표로 삼는 사람이 있어요. 이런 사람은 평생 돈의 노예가 돼요. 아무리 벌어도 더 벌고 싶고 죽을 때까지 돈의 굴레에서 벗어나지 못해요. 돈은 생활을 위한 방편일 뿐, 돈 자체가 목표가 되면 안 됩니다.

본인과 가족이 생활하는 데 불편함이 없을 정도의 적당한 돈, 다른 사람에게 의지하거나 신세를 지지 않아도 될 정도의 돈이면 충분해요. 문제는 이 정도의 돈을 벌고 모으는 일도 그냥 되지 않는다는 데 있어요. 돈을 제대로 관리하는 방법, 돈을 합리적으로 쓰는 습관, 돈을 최대로 불리는 능력을 각자 노력해서 지녀야 합니다. 돈도 공부가 필요하다는 뜻입니다.

 "돈 버는 사람은 돈 모으는 사람을 당할 수 없다. 그런데 돈 모으는 사람은 돈 관리하는 사람을 이길 수 없다"는 말이 있어요. 돈 관리가 중요함을 표현하는 말이지요. 돈을 아무리 많이 벌어도 버는 족족 모두 써버리면 절대 돈을 모을 수 없는 게 당연해요. '밑 빠진 독에 물 붓기' 꼴입니다.

 "부자가 삼대를 못 간다"는 속담도 이러한 사실을 뒷받침해요. 부모님이 물려준 재산만 믿고 돈 관리하는 법을 배우지 않은 탓에 물려받은 재산을 불리기는커녕 지키지도 못하고 탕진하는 거예요. 이러한 사례가 얼마나 많으면 속담까지 생겨났을까요?

 돈 관리 역량이라는 것은 하루아침에 불쑥 생기거나 나이를 먹으면서 자연적으로 알게 되는 게 아니에요. 어른 가운데도 돈 관리 역량이 없는 사람이 많은 걸 보면 확실해요. 돈이 중요하다고 말하고 돈을 벌려고 노력하면서도 정작 돈 공부를 하지 않는 건 모순입니다.

 어려서 용돈 관리부터 시작해 차근차근 돈 관리에 대해서 배워야 합니다. 숫자를 익히고 덧셈, 뺄셈 이후에 곱셈과 나눗셈을 배운 뒤 방정식과 함수를 풀어나가듯, 돈 공부도 단계별로 차근차근 다져가야 해요. 아직 미성년자라는 이유로 돈 공부를 뒤로 미루면 청소년기에 익혀야 할 돈 관리 역량을 기르지 못하고 그냥 지나쳐 나중에 두고두고 후회하게 돼요.

스페인 격언 중 이런 말이 있어요.

"'나중에'라는 길을 통해서는 이르고자 하는 곳에 결코 이를 수 없다."

돈 공부를 나중으로 미루면 평생 후회할지 몰라요.

이제 『101 금융』 책을 통해 '지금 당장' 돈 공부를 시작해봐요. 돈이 무엇인지 이해하고, 돈을 적절하게 쓰며, 합리적으로 관리할 수 있는 유익한 삶의 지혜를 얻는 길이에요. 돈의 유능한 주인이 되는 지름길이기도 합니다. 따라오세요.

차례

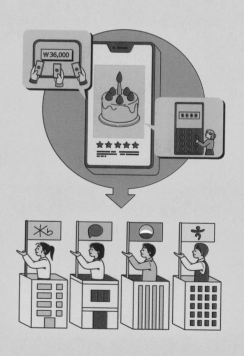

돈
우리가 사는 세상에서
사람들이 제일 자주 하는 말

어른들 대화에서는 돈 이야기가 빠지질 않아요. 어린아이들도 "돈, 돈" 하지요. 사람이 '돈' 없이는 살아갈 수 없기 때문이에요. 그렇다면 돈이란 과연 무엇일까요? 초등학교 때 다의어를 배운 적이 있을 거예요. 뜻이 여러 개인 낱말이에요. 돈도 여러 가지 뜻이 있는 다의어랍니다. 한번 볼까요?

"옆집은 돈을 잘 버나, 돈이 많은지 애들이 돈을 달라고 할 때마다 주나 봐. 한국은행이 찍은 돈이 다 저 집으로 들어가나?"

위 두 문장에는 '돈'이라는 낱말이 네 번 나오는데, 모두 다른 뜻으로 쓰이고 있어요. 물론 관계가 전혀 없지는 않으며 말의 뿌리는 같습니다. "옆집이 돈을 잘 번다"고 말할 때의 돈은 소득이나 수입을 말합니다. 소득이나 수입이 많다는 뜻이지요.

"옆집은 돈이 많다"는 옆집에 재산이나 부가 많다는 말이지요. 소득 가운데 소비하지 않고 남은 부분을 차곡차곡 모으면 재산이 돼요. "애들이 돈을 달라고 한다"에서의 돈은 물건을 살 수 있는 지폐나 동전을 뜻합니다. 간식거리를 사거나 차비를 내기 위한 지폐나 동전을 달라는 뜻이에요. 마지막으로 "한국은행이 돈을 찍는다"에서의 돈은 우리나라 경제에 유통되는 '화폐'를 말해요. '통화'라고도 해요. 이처럼 돈에는 여러 뜻이 있습니다. 문맥을 보고 돈이 어떤 의미로 쓰이고 있는지를 잘 파악해야 합니다.

사람들은 왜 돈을 좋아하고 돈을 많이 벌려고 애쓸까요? 하고 싶은 경제활동을 마음먹은 대로 하거나 반대로 하고 싶지 않은 경제활동은 하지 않을 '경제적 자유'가 생기기 때문이에요.

가령 돈이 있으면 먹고 싶은 걸 먹을 수 있고, 여행하고 싶은 곳을 자유롭게 갈 수 있어요. 또 돈이 있으면 '선택의 자유'가 커져요. 돈이 있으면 선택지가 다양해져 자신에게 가장 좋은 걸 자유롭게 고를 수 있어 행복해집니다. 돈이 있는 사람은 자신의 꿈을 꾸는 데서 그치지 않고, 꿈을 이룰 수도 있어요. 꿈을 이루기 위한 과정에도 돈이 필요한 경우가 많기 때문이에요. 돈이 있으면 삶도 안전해져요. 몸이 아플 때 병원에서 치료받거나 수술받아 건강을 되찾을 수 있으니까요. 이뿐 아니라 더 깨끗하고 더 편리한 곳에 집을 지을 수도 있습니다. 삶에서 돈이 '제일' 중요한 것은 아니라고 해도, 돈이 중요하다는 사실은 변하지 않아요.

🔍 #돈이_뭘까 #소득 #수입 #재산 #지폐 #동전 #화폐 #경제활동 #경제적_자유 #선택의_자유

욕구의 이중 일치
물물교환하려니 쉽지 않네!

세상에 돈이라는 게 없다면 지금 우리 생활에 어떤 일이 벌어질지 생각해봐요. 여기에서의 돈은 지폐나 동전 같은 화폐를 말해요.

돈이 없다면 버스 요금을 어떻게 내야 할까요? 떡볶이를 먹고 나면 어떻게 대가를 치러야 하지요? 부모님이 회사에서 일하면 월급을 무엇으로 보상받을까요? 해결해야 할 일이 한둘이 아니라 머리가 쑤실 거예요.

그런데 오래전, 인류가 유목민 생활을 하던 시절에는 돈이라는 게 없었습니다. 여기저기 떠돌아다니며 동물을 사냥하고 열매를 채집하던 시절의 얘기입니다. 필요한 걸 스스로 조달하던 자급자족 시대라서 돈이 없어도 불편하지 않았어요. 돈이 필요하지 않던 세상이에요.

그러다가 인류는 유목 생활을 접고 한곳에 정착하며 농사를 짓기 시작했어요. 생활이 안정되고 한층 여유로워지자 욕구가 많아지기 시작했지요. 원하는 걸 모두 자기 손으로 직접 만들지 못했으므로 다른 사람이 가지고 있는 것과 교환하며 필요한 것을 구했답니다. 물물교환이 시작된 거예요. 약 8,000년 전의 일이라고 전해지는데 정확한 기록은 남아 있지 않아요. 문자가 발명되기 전의 시대이니까요.

기록은 없더라도 사람들이 물물교환하기에 얼마나 힘들었을지 짐작하기는 어렵지 않아요. 사과를 가진 농부가 동물 가죽을 원한다면, 동물 가죽을 가지고 있으면서 사과를 원하는 사냥꾼을 찾아야 합니다. 두 사람의 욕구가 완벽하게 일치해야 물물교환할 수 있으니까요. 이를 '욕구의 이중 일치'라고 불러요.

욕구가 완벽하게 일치하는 상대방을 찾는 일은 여간 어렵지 않아요. 운이 좋게 그런 사람을 만났다고 해도 물물교환이 금세 이루어지지도 않아요. 이번에는 사과와 동물 가죽을 몇 대 몇으로 교환하는지를 놓고 짜증 나는 협상이 이어집니다.

요새 프로야구나 프로축구 구단은 서로 선수를 트레이드합니다. 선수를 교환하는 일종의 물물교환인 셈이지요. 사람을 물건에 빗대는 게 기분 나쁠 수도 있지만, 트레이드 원리가 물물교환의 원리와 같다는 뜻입니다.

만약 어떤 구단끼리 A 선수와 B 선수를 트레이드하려는데, 두 선수의 몸값이나 실력이 다르다면 어떨까요? 1 대 1로 트레이드가 되지 않겠지요. 그래서 한 팀이 다른 팀에 현금으로 차액을 보상해줘요. 그런데 돈이 없는 세상이라면 현금 보상이 불가능하므로 선수 트레이드가 이루어지지 못할 겁니다.

사람들은 물물교환을 더 편리하고 더 빠르게 하는 방법을 찾기 시작했어요. 창의적인 대안으로 떠오른 게 돈입니다.

Q #돈이_없다면_세상은_어떻게_돌아갈까 #유목민 #욕구 #물물교환 #트레이드 #보상

교환의 매개 수단

돈이 세상에 존재하는 이유는?

소금은 오래전부터 인간에게 없어서는 안 될 소중한 물질이었습니다. 음식의 부패를 방지하는 데 소금만 한 게 없었기 때문이에요. 고대 이집트에서는 미라를 만들 때 시체를 소금물에 담갔다고 해요. 소금을 마다하는 사람이 없었다는 말입니다.

여기에서 돈에 대한 아이디어가 꿈틀거리기 시작했어요. 사과를 가진 농부는 일단 사과를 소금과 교환합니다. 이렇게 받은 소금은 여러 용도로 쓰였어요. 요리할 때 넣거나 고기를 오래 저장할 때 뿌렸지요. 그러다가 동물 가죽을 가지고 있는 사냥꾼을 만나면 소금을 주고 가죽을 받았어요. 사람들이 소금을 물물교환하는 용도로도 썼던 거예요. 소금이 '교환의 매개 수단' 또는 '교환의 매개체' 역할을 한 겁니다. 사냥꾼도 소금을 기꺼이 받았어요. 사냥꾼에게도 소금은 쓰임새가 많은 유용한 물건이기 때문이에요. 교환의 매개 수단으로 쓰였던 소금이 바로 오늘날의 돈에 해당합니다. 각자 필요한 물건을 구하며 그 대가로 주는 수단이

교환의 매개수단

가치의 저장수단

가치의 척도

⬆ 돈(화폐)의 세 가지 역할

돈입니다. 옷을 사거나 버스를 타는 대가로 우리는 소금, 아니 돈을 내는 거지요.

소금이 한 역할은 교환의 매개 수단에서 그치지 않고 더 많았어요. 소금을 많이 보관하고 있는 사람은 주위 사람들로부터 부자라는 소리를 듣게 됐습니다. 보관하고 있는 소금을 가지고 언제든지 무엇이든 필요한 물건을 사는 데 쓰거나 사람들에게 일을 시킬 수도 있었기 때문이에요. 소금이 사람들의 재산을 불리는 역할까지 한 거예요. 이때의 소금을 '가치의 저장 수단'이라고 부릅니다. 가치를 보관해서 나중에 쓸 수 있게 해준 겁니다.

마지막으로 소금은 가치를 측정하는 데에도 쓰였어요. 소금이 돈으로 쓰이면서 사람들은 물건의 가치를 말할 때 소금을 기

🔍 #인류_3대_발명 #재산 #다양한_용도 #가치_측정과_보관 #가치의_척도 #상품화폐 #물품화폐

준으로 했습니다. 이를테면 고등어 1마리는 소금 5숟갈, 돼지가죽은 소금 100숟갈 등으로 표현했습니다. 돼지가죽은 고등어 20마리와 가치가 같음을 알 수 있어요. 이때 소금이 '가치의 척도' 역할을 한 거예요. 기록을 보면 소금 같은 역할을 한 물건이 참으로 많아요. 지역에 따라서 조개껍데기, 화살촉, 옷감, 동물 가죽, 비단, 곡식, 소, 심지어 돌까지 돈으로 쓰였답니다. 이런 것들은 어엿한 하나의 상품(물건)이면서 동시에 돈으로도 쓰였다고 해서 '상품화폐' 또는 '물품화폐'라고 불러요.

오늘날 우리가 사용하는 돈은 모양이 많이 달라졌어요. 비록 모양이나 재질은 진화했더라도 경제에서 돈이 수행하는 역할에는 변함이 없습니다. 교환의 매개 수단, 가치의 저장 수단, 가치의 척도라는 세 가지 일을 묵묵히 해내고 있어요.

돈을 사용하기 시작하자 거래가 무척 편리해지고 빨라졌습니다. 거래하는 시간을 크게 절약할 수 있게 된 거예요. 사람들은 거래에 필요한 시간을 절약한 만큼 생산 활동을 더 많이 할 수 있었고 결과적으로 생산량이 늘어났습니다. 삶이 더 풍요롭게 됐다는 말이에요. 이처럼 돈이 인류에게 가져다준 혜택은 엄청납니다. 돈이 없었더라면 우리는 지금처럼 풍요로운 세상에서 살고 있지 못할 거예요. 그래서 경제학자들은 돈을 인류의 위대한 3대 발명품(돈, 불, 수레바퀴) 가운데 하나로 꼽습니다. 물론 돈을 발명한 사람이 누구라고 딱 꼬집어 말하지는 못해요. 특정인이 발명한 게 아니라 인류가 공동으로 발명한 거라고 봐야 할 거예요.

금속화폐

금과 은이라면
언제나 환영이지

상품화폐(물품화폐)는 나름대로 돈의 역할을 잘 소화했어요. 하지만 완벽하지는 않았어요. 이 세상에 완벽한 거란 없겠지요. 사람은 욕심쟁이랍니다. 늘 더 좋고 더 편리한 걸 찾아요. 만족을 모르고 하나를 얻으면 다른 하나를 바랍니다. 이런 특성 덕분에 인간 세상은 눈부시게 발전했고 지금 같은 삶을 누릴 수 있는 거죠.

가령 소금에는 어떤 문제가 있었을까요? 부자들이 소금을 많이 보관하려면 넓은 창고가 필요했어요. 오래 보관하려면 습도를 적당하게 유지해야 했는데, 그런 기술이 당시엔 없었지요. 보관하던 소금이 빗물에 씻겨 내려가거나 창고에 불이 나면 재산을 몽땅 잃어버립니다. 또 소금은 무거워서 이 시장 저 시장으로 운반하기도 만만치 않았습니다.

이런 상황에서 사람들의 눈에 금속이 들어왔어요. 철, 구리, 청동, 은, 금 등은 부피가 작고 무게가 덜 나가 보관과 운반이 훨씬 쉬웠습니다. 잘 변하지도 않아 오래 보관하기 좋았지요. 자연스럽게 상품화폐를 몰아내고 금속이 돈의 자리를 차지했습니다. 이런 돈을 '금속화폐'라고 불러요.

금속 덩어리에도 여전히 불만족스러운 면이 있었어요. 거래할 때마다 금속을 적당한 무게로 쪼개야 했고 금과 은의 순도도 확인해야 했거든요. 전자저울이 있을 리 없었겠죠? 그러니 무게를 놓고 다툼이 끊이질 않았지요. 순도를 속이는 사기꾼도 나타났습니다.

사람의 지혜는 한이 없어요. 이 문제를 처음 해결한 곳이 리디아였습니다. 지금의 튀르키예(터키) 서부지역에 있던 왕국이랍니다. 기원전 약 3,300년 전의 일이고요. 리디아의 왕은 금과 은을 녹여 작은 원반 모양으로 만들고 거기에 사자 디자인을 새겼습니다. 지금의 동전처럼 완벽하게 규격화되지는 않았지만, 나름 표준화된 모양의 '주화'를 만든 거예요. 이게 세계 최초의 주화로 알려져 있습니다.

리디아 주화는 왕이 공식적으로 인정하는 돈이었으므로 사람들은 믿음을 가지고 쓰기 시작했어요. 인기가 좋아진 리디아 주화는 주변의 각지로 빠르게 퍼져나갔어요. 이에 다른 나라에서도 앞다퉈 주화를 만들기 시작했어요. 인간 세상에서 주화가 본격적으로 '돈'으로 쓰이기 시작한 겁니다.

🔍 #인류의_발전 #금속 #순도 #무게 #보관 #주화 #표준화 #금과_은 #공식화 #파운드 #냥 #단위

한 가지 문제를 해결하니 새로운 문제가 또 생겨났어요. 이번에는 주화를 만들기 위한 금이나 은이 모자랐습니다. 인구가 늘어나고 경제활동과 각종 무역이 활발해지면서 주화의 양도 더불어 많이 필요해졌는데, 금광이나 은광을 쉽게 발견하지 못했거든요. 권력이 있는 사람들은 왕관, 장신구, 식기 등을 만드는 데도 금과 은을 사용했으니 금과 은의 품귀 현상은 갈수록 심해졌어요. 주화를 만들지 못하면 무역이 제한되고 사람들의 불만이 쌓일 겁니다. 그래서 금과 은을 찾아서 다른 나라를 침략하고 전쟁을 하는 일이 흔히 벌어졌습니다. 심각한 문제였지요. 이 문제를 해결할 지혜가 다시 필요했습니다.

영국이 사용하는 돈의 단위는 파운드pound입니다. 파운드는 원래 무게를 재는 단위예요. 1파운드는 약 454그램에 해당합니다. 영국 돈의 단위가 무게 단위와 같다는 말이에요. 그 이유는 옛날에 금속으로 주화를 만든 데 있습니다. 금 1파운드로 만든 주화를 1파운드로 부른 데서 유래해요. 영국만 이런 게 아니랍니다. 성경책에 나오는 돈 달란트talent와 드라크마drachma, 고대 로마 제국이 발행한 은화 데나리우스denarius는 물론이고 오늘날 이스라엘이 쓰는 돈의 단위 세켈shekel 등 돈의 단위와 무게의 단위가 같은 사례는 많아요. 조선시대의 '냥' 또한 돈이자 무게의 단위입니다.

그레섬의 법칙
나쁜 돈이 좋은 돈을 몰아낸다

로마 제국은 지중해를 중심으로 유럽, 북아프리카, 서아시아까지 지배했습니다. "모든 길은 로마로"라는 말이 생길 정도로 당시 세상의 중심지였지요. 승승장구하던 로마에도 심각한 고민거리가 하나 있었답니다.

제국을 확장하면서 방대한 영토를 다스리는 데는 돈이 무척 많이 들어갔어요. 병사에게 봉급을 줘야 했고, 점령지 경제를 살리고 무역을 유지하는 데 많은 자금을 써야 했기 때문이에요. 제국을 유지하는 비용이 상당했다는 의미입니다. 하지만 금과 은을 구하는 일은 쉽지 않았어요. 전쟁이라면 자신 있었지만, 금광과 은광을 구하는 일은 전혀 달랐으니까요.

주화를 만들 금과 은의 확보에 어려움을 겪으면서 로마 제국은 돈 부족이라는 문제에 부딪혔어요. 고민 끝에 로마 제국은 바람직하지 않은 방법을 선택했답니다. 주화를 만드는 데 들어가는 금이나 은의 함량을 줄였어요. 주화 무게를 가볍게 만들거나 구리, 주석, 납 등 가치가 떨어지는 금속을 섞어 불량 은화나 금화를 만들었습니다.

네로 황제는 데나리우스 은화에 들어가는 은의 양을 무려 5분의 1이나 줄였답니다. 이런 소식은 상인과 무역상 사이에 삽시간에 퍼져나갔어요. 그렇다고 황제의 명령이니 그런 주화를 받지 않겠다고 거부할 도리는 없었죠. 목숨이 위태로워지니까요. 상인들은 어떻게 대처했을까요?

물건 가격을 올렸답니다. 주화의 가치가 20% 떨어졌으므로 물건값을 20% 올려 보상받으려 한 거예요. 이로 인해 로마의 물가가 크게 올랐습니다. 오늘날 표현으로 인플레이션이 발생한 겁니다.

물가가 오르자 로마 병사들은 봉급을 올려달라고 요구했어요. 그럴수록 주화는 더 많이 필요해졌고, 로마는 주화 속 귀금속의 함량을 더 줄이는 악순환이 되풀이됐습니다.

서기 300년쯤이 되자, 로마의 은화에는 은이 거의 들어있지 않은 상태가 됐어요. 이런 불량 돈을 발행하는 국가를 제대로 된 국가라 말할 수 없겠지요. 경제가 혼란스러우면 국가가 유지되기 힘들어요. 로마 제국 역시 서서히 멸망의 길로 접어들었습니다.

여기에서 흥미로운 현상이 발생해요. 은의 함량이 높은 주화를 '양화'good money라고 부릅니다. 좋은 돈, 우량한 돈이라는 뜻이지요. 반면에 은의 함량이 낮은 주화는 '악화'bad money입니다. 나쁜 돈이지요.

  상인들은 양화를 집에 보관해 두고 거래할 때는 쓰지 않았어요. 대신 악화만 썼죠. 여러분도 당시에 살았다면 아마 이렇게 했을 거예요. 겉으로는 같은 금액인데 굳이 은의 함량이 높은 돈을 쓸 리 없으니까요.

  주화에 들어가는 금속의 양을 줄이는 시도는 이후에도 유럽 사회에서 자주 나타났어요. 그래서 시중에는 좋은 돈이 잘 유통되지 않고, 나쁜 돈이 주로 유통됐어요. 이런 현상을 "나쁜 돈이 좋은 돈을 몰아낸다"고 말해요. 이 말을 처음 쓴 영국 금융업자 토머스 그레셤(Thomas Gresham)의 이름을 따서, '그레셤의 법칙'Gresham's law이라고 합니다.

Q   #주화의_가치 #물가 #상승 #인플레이션 #함량 #유통 #양화 #악화 #좋은_돈과_나쁜_돈

지폐
바람에 날릴 정도로 가벼워

우리가 지금 사용하는 돈은 소금도, 귀금속도, 주화도 아니에요. 종이로 만든 돈, 즉 지폐를 사용하고 있어요. 인류는 언제부터 왜 지폐를 돈으로 사용하기 시작했을까요?

기원은 중국 당나라로 거슬러 올라갑니다. 당시 중국은 모양이 매우 창의적인 주화를 사용했어요. 동그란 주화 가운데에 사각형 구멍을 뚫은 거예요. 구멍 사이를 끈으로 연결하면 많은 양의 주화를 한꺼번에 옮기고 보관하기 편리했어요. 그렇지만 무겁다는 단점을 피할 수 없었습니다. 그래서 무거운 주화를 안전한 곳에 맡기고 대신 종이 보관증을 받은 후 가지고 다녔어요. 주화보다 얼마나 가벼웠을지 충분히 짐작할 수 있어요. 중국인들이 이 종이 보관증을 '비전'flying money이라고 불렀을 정도니까요. 바람에 날릴 정도로 가볍다는 거지요. 그렇지만 비전으로는 물건을 직접 사지 못했으므로 돈이라고 보기는 힘듭니다.

이후 송나라가 11세기에 '교자'라는 이름의 지폐를 발행했어요. 물건을 살 수도 있고, 다른 사람에게 양도할 수도 있어 교자를 세계 최초의 종이돈(지폐)으로 봅니다.

유럽에 최초로 지폐가 도입된 건 7세기 스웨덴에서입니다. 종이가 중국의 발명품이라는 사실을 감안하더라도 한참 늦었지요. 지폐는 종이로 만들기 때문에 그레셤이 한탄했던 것처럼 금 함량을 속이는 일은 염려하지 않아도 됐어요. 당시에는 은행에 가면 지폐를 금이나 은으로 바꿀 수 있었어요. 이런 돈을 '태환 지폐'라고 합니다. '태환'은 바꾼다는 말이에요. 영국 지폐에는 지금도 다음과 같은 문구가 새겨져 있어요.

"I promise to pay the bearer on demand the sum of £ ○ ○."

지폐 소지자가 요구하면 ○○파운드의 금속으로 교환해줄 것을 약속하겠다는 은행의 공언이에요. 약속을 지킬 테니, 귀금속을 들고 다닐 필요 없이 지폐로 거래하라는 취지죠. 이 공언을 지키려면 은행은 금고에 지폐 발행액만큼의 금과 은을 보관하고 있어야 해요. 그렇지 않다면 공언을 지키지 못할 테고, 해당 은행은 시민으로부터 신뢰를 잃어 문을 닫아야 하니까요.

지금 통용되는 지폐를 한국은행에 내면 귀금속으로 바꿔줄까요? 교환을 약속하지 않은 '불태환 지폐'라서 안 됩니다. 대신 지폐에 새겨진 액수만큼 가치가 있다고 법으로 보장하고 있어요.

Q　#종이로_만든_돈 #보관증 #태환_지폐 #불태환_지폐 #신뢰 #가치를_법으로_보장해

중앙은행

화폐와 관련한 일은
우리가 맡을게

각 나라는 자체의 돈, 즉 화폐를 발행할 권한을 가집니다. 이를 '통화 주권'이라고 불러요. 우리나라 화폐는 우리나라만이 발행할 수 있다는 뜻이에요. 통화 주권에 기초해 각 나라는 자체의 화폐를 발행하고 그 발행량을 관리하는 역할을 하도록 '중앙은행'central bank을 설립합니다.

우리나라 중앙은행은 한국은행으로, 1950년에 설립됐어요. 세계 최초의 중앙은행은 1668년에 설립된 스웨덴 국립은행입니다. 유명한 노벨 경제학상을 시상하는 곳도 바로 여기입니다.

중앙은행이 만들어지기 전에는 한 나라에서 여러 은행이 각자 책임지고 자체 화폐를 발행했어요. 그래서 한 나라에 여러 종류의 화폐가 유통됐죠. 그러다 보니 어떤 은행은 금이나 은으로 태환해주겠다는 약속을 지키지 못하는 등 피해를 보는 사람들이 생겨났어요. 이에 화폐를 안정적으로 유지하기 위해 한 곳에서만 발행할 수 있도록 중앙은행을 설립한 겁니다.

중앙은행은 단순히 자기 나라의 돈을 발행하는 일만 하는 게 아닙니다. 그 외에도 화폐와 관련해서 여러 가지 중요한 일을 하고 있습니다. 한국은행이 하는 일을 통해 중앙은행의 역할을 확인해볼게요.

첫째, 우리나라 화폐를 발행해 경제에 유통되도록 합니다. 경제에 돌아다니는 돈의 양을 '통화량'이라고 부릅니다. 만약 한국은행이 화폐를 너무 적게 발행하면 어떤 일이 벌어질까요? 교환의 매개 수단인 돈이 사람들의 지갑에 부족해져 필요한 것을 사기 힘들어집니다. 그러니 거래가 활발하게 이루어지지 않아 경제가 침체해요.

반대로 통화량을 무작정 많이 공급하는 것도 능사가 아닙니다. 사람들의 지갑에 돈이 두둑해지면 불필요한 물건까지 사려고 해요. 시장에 물건이 많지 않은데 사려는 사람이 많아지므로 가격은 오릅니다. 경제에 인플레이션이 발생하는 거지요. 따라서 한국은행은 통화량을 적절한 수준으로 유지하기 위해 노력합니다. 인플레이션은 뒤에서 자세히 알아볼게요.

둘째, 한국은행은 '은행의 은행' 역할도 해요. 개인은 길거리 곳곳에 있는 은행과 거래하며 돈을 맡기고 찾습니다. 만약 은행에 돈이 넘치면 은행은 그 가운데 일부를 한국은행에 예치합니

Q #통화_주권 #화폐_발행 #유통 #거래 #시장 #통화량 #공급_조절 #은행의_은행 #정부의_은행

다. 반대로 은행에 돈이 모자라면 한국은행에서 돈을 빌려요. 한국은행은 은행의 든든한 형님인 셈입니다.

셋째, 한국은행은 '정부의 은행'이기도 해요. 정부가 거두는 세금을 대신 받아 보관했다가 정부가 요구하면 돈을 내줍니다.

이처럼 한국은행은 은행이나 정부하고만 거래합니다. 개인들과는 거래하지 않아요.

각국의 중앙은행 이름은 다양해요. 대개는 우리나라처럼 국가 이름을 넣지요. 한국은행, 일본은행, 캐나다은행, 스페인은행 등이 그렇습니다. 이름에 '중앙'을 넣어 중앙은행임을 명시적으로 밝히는 나라도 있어요. 유럽중앙은행, 브라질중앙은행, 아르헨티나중앙은행 등이 그래요. 물론 예외도 많아요. 중국은행, 도이체방크, 뱅크오브아메리카는 나라 이름이 붙어 있어 중앙은행 같아 보이지만 실은 개인이 주인인 일반은행입니다. 중국의 중앙은행은 중국인민은행이고, 독일은 분데스방크(또는 독일연방은행)라는 특이한 이름을 가지고 있습니다. 더 특이한 이름도 있어요. 미국의 중앙은행은 연방준비제도(줄여서 연준)입니다. 겉으로만 보면 중앙은행인지 도무지 알 수 없어요.

금융

경제에 피가 돌아야 해!

용돈을 받는다고 해서 돈 문제가 모두 사라지지는 않아요. 어떤 달에는 써야 할 곳이 많은데 용돈을 이미 다 써버려 난처해집니다. 이럴 때는 친구나 어른들에게 손을 내밀어야 해요. 또 어떤 달에는 쓸 곳에 다 쓰고 난 다음에도 용돈이 남기도 해요. 돈이 필요한 누군가에게 빌려줄 수도 있지요.

어른들도 마찬가지입니다. 돈이란 게 사람마다 딱 필요한 만큼 있지 않아요. 갑자기 가지고 있는 돈보다 훨씬 많은 돈이 필요해지는 경우가 생깁니다. 기업도 그래요. 새 공장을 짓거나 새 사업을 시작하려면 돈이 많이 필요해지고, 돈을 대줄 곳을 찾아야 합니다.

이와 같은 이유로 돈이 모자라 돈을 빌리는 사람과, 돈이 남아 돈을 빌려주는 사람 사이에 돈이 오고 갑니다. 이것을 '금융'이라고 해요. '금전의 융통'을 줄인 말이에요.

만약 금융이 없다면 어떻게 될까요? 먹을 것을 살 돈이 부족한 사람은 굶을 수밖에 없습니다. 아픈 환자가 돈이 없으면 수술받지 못해요. 기업은 공장을 넓히거나 새로운 상품을 개발하지 못해요. 반면에 돈이 남아도는 사람은 돈을 금고에 넣어둔 채 묵히고 있을 겁니다.

금융은 이런 문제를 해결해줘요. 돈이 있는 곳에서 없는 곳으로 흘러가게 함으로써 우리의 삶을 풍요롭게 해주며 삶의 질을 높입니다.

여러분도 이미 금융 활동을 하고 있어요. 은행에 통장을 갖고 있을 거예요. 지금 당장 쓰지 않는 돈을 집에 보관하는 대신에 은행에 맡긴 거지요. 그 돈은 지금 은행 금고에 있지 않고 우리 이웃에게 또는 회사의 사업 자금으로 유용하게 쓰이고 있답니다.

다른 나라로 여행 갈 때 외국 돈으로 환전해본 적이 있다면, 이 역시 금융 활동이지요. 혹시 주식에 투자하고 있나요? 주식을 사고파는 것, 신용카드나 체크카드로 물건을 사는 것 등도 모두 금융 활동입니다. 금융에 참으로 다양한 분야가 있음을 알 수 있어요.

그런데 돈이 필요한 사람이 직접 돈이 남아도는 사람을 찾아 여기저기 돌아다녀야 한다면 매우 힘들 거예요. 물물교환할 때의 불편함 이상으로 거래 상대방을 만나기 힘들 게 분명해요. 우리

Q　#금전의_융통 #돈의_흐름 #삶의_질 #금융_활동 #은행 #장 #환전 #투자 #소비 #금융회사

는 누구에게 여윳돈이 있는지 알 수 없어요. 돈이 남아도는 사람은 돈을 원하는 사람이 누구인지 알 수 없고요. 서로 만나지 못해 돈을 융통하지 못하게 됩니다.

이런 불편을 해소하고 돈을 빌려주는 사람과 돈을 빌리는 사람을 효과적으로 연결해주는 중개자 역할을 하는 회사들이 속속 생겨났습니다. 금융과 관련한 업무를 하는 곳이라는 뜻에서 이런 회사를 '금융회사'라고 해요. 은행이 대표적인 금융회사입니다.

금과 은은 누구나 좋아하는 귀금속입니다. 역사적으로 금과 은이 돈으로 쓰였고요. 은보다는 금이 더 귀하고 소중했으므로 '금'이 돈을 뜻하는 말이 됐습니다. 그래서 금융, 금리, 금전, 금액, 예금, 저금, 입금, 출금, 기금, 장려금, 보조금 등 돈과 관련한 낱말에는 '금' 자가 공통으로 들어가요. 여기에 하나의 예외가 있어요. 은행입니다. 돈을 취급하는 곳인데, 왜 '금행'이 아니고 '은행'이 됐을까요? 이 말이 만들어질 때 중국은 '은'을 돈으로 사용했기 때문이에요. 은으로 세금을 물리고 은으로 거래했으므로 은을 취급하는 곳이라는 뜻에서 은행으로 부른 거지요. 은과 비교할 때 금은 생산량이 무척 적었던 탓에, 역사적으로 금보다는 은이 돈으로 더 널리 쓰였답니다. 만약에 이름이 만들어질 당시에 금이 돈으로 쓰였다면 우리가 지금 이용하는 곳의 이름은 은행이 아니라 금행이 됐을지 몰라요. 이러한 배경의 영향으로, 일본이 영어 'bank'를 '은행'으로 번역했고, 이 낱말이 19세기 말에 우리나라에 들어왔어요.

예금

돈을 안전하게 맡기고
벌 수 있어

은행에 돈을 맡기는 일을 '예금'이라고 해요. '저축'한다고 말하기도 하지요. 예금은 모든 금융 활동의 기본이자 시작입니다. 사람들이 여윳돈을 예금하지 않는다면 금융 활동이 멈출 겁니다.

예금이 언제부터 시작됐는지는 정확하게 말할 수 없지만 적어도 약 1만 년 전으로 거슬러 올라갑니다. 인류가 정착 생활을 시작하면서 농사를 짓고 가축을 기르기 시작한 무렵입니다. 농사 덕분에 사람들이 먹거나 쓰고 남는 물건들이 생겨났어요. 직업도 다양해지고 계급까지 생겨났는데, 일부 계층은 상당히 많은 여분의 돈을 보유하기 시작했답니다.

이제 이들에게는 돈을 보관하는 일이 중요해졌어요. 돈을 가지고 있으면 불안했기 때문이지요. 고대인들이 제일 안전하다고 생각한 보관 장소는 신전이었어요. 당시 신전은 가장 튼튼한 건물 가운데 하나였으니까요. 그리고 더 중요한 이유는 신을 모시고 받드는 신전에 있는 돈을 훔치는 일은 신의 노여움을 산다고 생각했으므로 도둑들도 감히 신전의 물건은 훔치려 하지 않았기 때문이에요.

신전도 돈을 맡아달라는 요구를 마냥 모른 척하고 있을 순 없었어요. 돈과 귀중품을 보관해주는 대가로 수수료를 받을 수 있으니까요. 신전도 돈이 필요한 건 마찬가지였거든요. 돈이 있는 사람은 수수료를 내더라도 자칫 도둑에게 돈이나 귀중품을 전부 털리는 것보다는 낫다고 판단하고 자신의 재산을 맡겼습니다. 신전이 오늘날 은행처럼 돈이나 귀중품을 맡아 보관하는 역할을 한 셈이에요.

이후 상업과 무역업이 발달하면서 신전을 벗어나 아예 예금 서비스를 전담하는 사람이나 조직이 별도로 생겨났어요. 은행업자가 생겨나고 은행업이 본격적으로 시작됐습니다.

오늘날 사람들은 여러 가지 이유로 예금하고 있습니다. 돈을 안전하게 보관하려는 목적이 하나 있어요. 은행에 있는 돈은 누가 훔쳐 갈 염려 없으니까요.

둘째, 돈을 아끼려는 목적에서 예금하고 있어요. 돈을 집에 보관하고 있거나 지갑에 넣고 다니면 돈을 헤프게 쓰게 돼요. 만약 수중에 돈이 없다면 쓰지 않았을 곳에 돈을 쓰는 거지요. 그래서 은행 등에 예금해놓으면 돈을 절약하고 모으는 데 유리해집

Q   #금융의_시작 #돈의_보관 #저축 #신뢰 #상업과_무역업_발달 #수수료 #안정성 #절약 #이자

니다.

마지막으로 예금해서 이자를 받아 돈을 조금이라도 불리려는 목적도 있어요.

이처럼 예금하면 돈을 안전하게 지킬 수도 있고 돈을 아낄 수도 있으며 이자로 돈을 불릴 수도 있어요. 예금은 일거양득이 아니라 일거삼득입니다.

저축하기 위한 바람직한 요령은 '선 저축, 후 소비'를 지키는 거예요. 일정 금액을 저축하고, 남는 돈으로 소비하라는 말이에요. 이와 반대로 매달 먼저 쓰고 난 뒤에 남은 돈을 저축하는 것은 저축에 도움 되지 않아요. 매달 소비 금액이 다르므로 저축 금액도 들쭉날쭉하게 되고요. 더욱이 소비는 연속성과 쾌락성이 있어 제대로 통제하지 못하는 경우 무분별하게 소비한 탓에, 저축을 하나도 하지 못하는 달이 생길 가능성이 커요. 몇 년이 지나더라도 모아놓은 돈이 별로 없어 저축의 이점을 누리지 못하겠지요.

010

은행

남의 돈으로 돈을 버는 금융회사

금융회사 가운데 맏형님은 누가 뭐래도 은행입니다. 생겨난 역사도 제일 오래됐을 뿐 아니라, 사람들이 돈거래를 위해 제일 먼저 그리고 제일 자주 이용하는 금융회사가 은행이니까요. 여러분도 은행 통장 하나쯤 갖고 있을 거예요.

은행이 처음 생겼을 때는 지금처럼 규모가 거대하지 않았어요. 개인 또는 몇 사람이 시장이나 사람이 많이 모이는 곳에 책상 하나를 놓고 은행 업무를 했어요. 으리으리한 빌딩을 세우고 전 세계를 상대로 수만 명이 영업하는 지금의 은행과 비교하면 시작은 참으로 보잘것없는 모습이라 할 수 있습니다.

여기에서 궁금증이 하나 생겨요. 은행은 왜 우리에게 이자를 줄까요? 우리 돈을 안전하게 보관해주기까지 하는데 말이에요. 그리고 은행은 어떻게 우리에게 이자를 줄 돈을 마련하는 걸까요? 은행도 돈 버는 걸 목적으로 하는 회사이므로 손해 보며 이자를 줄 것 같지는 않으니까요.

앞에서도 이미 말했듯이 옛날엔 돈이나 귀중품을 맡기며 은행에 보관료를 내야 했어요. 중세까지는 그랬어요. 그런데 은행에 돈이 많이 쌓이자, '돈이 필요한 사람에게 이 돈을 빌려주면 어떨까?' 하는 생각이 들었어요. 그냥 금고에서 먼지를 먹고 있느니 필요한 사람이 소중하게 쓰면 좋지 않겠어요?

돈을 맡긴 사람이 매일 자신의 돈을 찾으러 오지는 않았으므로 은행이 보관 중인 돈의 일부를 다른 사람에게 빌려주더라도 문제 될 게 없었어요. 그래서 은행은 생각을 실천으로 옮겨 돈을 빌려주기 시작했습니다. 물론 공짜는 아니지요. 돈을 빌려 간 사람으로부터 이자를 받았습니다.

덕분에 은행은 돈을 벌었어요. 돈을 맡기는 사람이 많을수록 대출도 많이 해주고 이자도 더 많이 받을 수 있으니, 이제 은행의 관심은 돈을 많이 확보하는 거였어요. 그래서 돈을 맡기는 사람에게 수수료를 받기는커녕 오히려 고맙다며 이자를 주기 시작했지요.

돈을 맡기는 사람들도 이자를 요구하기 시작했고 이자 받는 걸 당연하게 여기기 시작했어요. 자신의 돈으로 은행이 돈을 벌고 있는 거니까요.

오늘날 은행이 돈을 버는 주된 방식이 이겁니다. 예금한 사람

🔍 #금융회사 #이자 #대출 #돈_확보 #예금주 #이자 #일반은행 #지방은행 #인터넷전문은행

에게 예금 이자를 주면서 돈을 확보해요. 이 돈을 빌려주고 이자를 받아요. 단, 돈을 빌려주고 받는 이자가 예금주에게 주는 이자보다 많아야겠지요. 가령 은행은 1억 원을 빌려주고 5백만 원을 이자로 받습니다. 그리고 1억 원을 맡긴 고객에게는 이자로 2백만 원만 줍니다. 은행이 3백만 원의 이익을 얻는 거지요.

한 마디로 은행은 남의 돈으로 돈을 버는 금융회사입니다. 여윳돈이 있는 사람과 돈이 필요한 사람을 중개하는 서비스를 해주고 돈을 버는 곳이지요.

우리가 흔히 은행이라고 부르는 곳들은, 정확히 말하면 '일반은행'입니다. 우리가 잘 아는 KB국민은행, 신한은행, 하나은행, 우리은행, SC제일은행이 일반은행이에요. 전국에 영업점을 두고 있으며 지역을 가리지 않고 영업합니다. 우리나라에는 '지방은행'도 있어요. 주로 해당 지역에서 영업하는 은행으로서 경남은행, 광주은행, 부산은행, 전북은행, 대구은행, 제주은행이 있어요. 최근에는 '인터넷전문은행'이라는 것도 생겨나 은행의 종류가 다양해졌습니다. 이름이 무엇이든 누구나 이용하고 예금할 수 있는 은행들입니다.

011

대출

돈이 궁한 사람에게도
돌파구가 있어

여윳돈을 은행에 맡기는 게 '예금'이라면, 반대로 돈이 궁해서 은행 등에서 돈을 빌리는 걸 '대출'이라고 합니다. 대출의 역사도 매우 오래됐어요.

가장 오래된 대출 문서가 메소포타미아 지역의 점토판에서 발견됐어요. 기원전 2천~3천 년 사이의 것으로 추정돼요. 신전이 농부에게 씨앗이나 농기구를 빌려주고 추수 때 돌려받는 보리의 양이 기록돼 있답니다. 함무라비 법전에도 대출 관련 내용이 나옵니다. 계약서를 작성하는 방법, 빌린 것을 갚는 방법, 담보 등에 대한 기록이 있어요. 예를 들어 '상인이 곡물 1구르를 빌려줄 때 이자로 100실라를 받는다' 같은 규정이 있어요. 그 당시에도 돈을 빌려주고 이자를 받는 관행이 있었음을 알 수 있어요.

성경에도 대출과 관련한 구절이 있습니다. 고대 이스라엘 사회에서도 돈을 빌려주고 빌리는 일과 이자를 받는 일이 존재했음을 보여주는 증거입니다.

우리나라 기록으로는 『삼국사기』에서 다음 같은 내용을 볼 수 있어요.

"(고국천왕) 16년(194년) 왕이 담당 관청에 명해 매년 봄 3월부터 가을 7월까지, 관의 곡식을 내어 집안 식구의 많고 적음에 따라 차등 있게 곡식을 꿔주도록 하고, 겨울 10월에 이르러 갚게 하는 것을 법식으로 삼았다. 나라 사람 모두가 크게 기뻐했다."

이것이 바로 진대법입니다. 고구려 고국천왕 재위 때, 가난해 끼니를 때우지 못하는 백성들을 보고 불쌍히 여겨 만든 제도이지요. 춘궁기에 곡식을 꿔주고 추수철에 빌린 곡식을 갚게 했던 겁니다.

이처럼 대출은 시대나 지역과 관계없이 늘 사람들과 함께한 금융 활동 가운데 하나입니다. 간혹 돈을 빌리는 행위, 그리고 돈을 빌려주고 이자를 받는 대출을 비판적으로 보는 시각도 있지만, 대출이 인류 역사와 더불어 지금까지 유지되고 있는 까닭은 대출에 여러 가지 긍정적 역할이 있어서랍니다. 먼저, 대출은 갑자기 돈이 필요한 지경에 처한 사람들에게 탈출구를 제공해줍니다. 생각할 겨를도 없이 일자리를 잃거나, 비싼 수술을 받아야 하거나, 홍수나 태풍으로 집에 피해가 발생하면 준비해놓은 돈이 없는 사람들은 생활이 곤란해져요. 이때 대출을 받아 경제적 어

#돈을_빌리자 #함무라비_법전 #담보 #진대법 #내_집_마련 #회사 #공장 #경제_성장

려움을 해결할 수 있습니다.

　내 집을 마련할 때도 대출이 매우 중요한 역할을 합니다. 모아놓은 돈만으로 비싼 집을 살 수 있는 사람은 드물어요. 대출이 없다면 집값만큼 돈을 모으기 전까지는 전세나 월세로 살아야 할 겁니다.

　대출이 없다면 회사도 경영이나 사업 확장에 어려움을 겪습니다. 회사가 가지고 있는 돈만으로는 사업하는 데 한계가 있기 때문이에요. 좋은 아이디어와 기술이 있더라도 제품을 생산하지 못하는 거지요. 이는 회사에도 불행한 일이지만, 좋은 제품을 접하지 못하는 소비자에게도 좋은 소식이 아닙니다. 회사들은 대출을 통해 공장을 짓고 제품을 생산해 소비자에게 판매하고, 외국에도 수출해서 외화 획득은 물론 경제 성장에도 기여합니다.

고대에는 빌린 돈을 갚지 못한 사람을 노예로 삼았다고 해요. 노예가 된 사람들은 아무 대가도 받지 못한 채 일만 해야 했어요. 이를 '부채 속박'이라고 불러요. 로마에서는 '넥숨'Nexum이라는 부채 속박 제도가 있었습니다. 돈을 갚지 못했다고 노예가 된다면 이는 두말할 필요 없이 매우 가혹한 처분입니다. 그래서 아테네는 이를 불법으로 규정했어요. 로마도 기원전 326년이 되자 넥숨 제도를 폐지했습니다. 돈보다 소중한 게 사람이니까요.

012

이자

금지해야 하나
허용해야 하나?

돈거래에 그림자처럼 따라다니는 게 있어요. 바로 '이자'입니다. 돈이 있는 사람은 은행에 예금하고 '예금 이자'를 받아요. 돈을 대출받은 사람은 은행에 '대출 이자'를 냅니다. 도대체 이자가 무엇일까요? 꼭 내야 할까요? 돈을 빌려주는 사람에게 적당한 대가가 따르지 않는다면 돈을 빌려줄 필요를 느끼지 못할 겁니다. 그러면 돈이 돌지 못하고 고이게 됩니다. 돈이 필요한 사람은 아예 돈을 조달하지 못하겠지요. 그래서 돈을 빌려주는 사람에게 보상해 주는 게 이자입니다. 돈을 빌리는 사람도 이자를 내야 해요. 공짜로 돈을 빌릴 수 있다면 너도나도 남의 돈을 빌리려 하겠죠?

오래전에는 이자를 나쁘게 보는 시각이 많았어요. 특히 고대에는 돈을 빌려주고 이자를 받는 것을 금지한 곳도 있었고요. 돈을 빌리는 사람은 어려움에 처했는데 도와주지는 못할망정 이를 이용해 이득을 챙기는 걸 비윤리적이라고 본 거죠. 구약성경에는 '타인에게 이자를 받을지라도, 네 형제에게는 이자를 받지 말라'

는 내용이 있습니다. 외국인에게는 받더라도 유대인끼리는 이자를 받지 말라는 뜻이에요. 법, 관습에 따라 이자를 받는 행위를 곱게 보지 않았을지 몰라도, 실제 돈거래에서는 늘 이자를 주고받았어요. 이자 없이는 돈을 빌려주려는 사람이 나타나지 않았거든요. 돈이 급한 사람은 이자를 주고서라도 돈을 빌려야 했고요.

자본주의가 펼쳐지면서 이자에 대한 부정적 시각이 줄어들고 이자를 당연하게 생각하기 시작했어요.

첫째, 돈을 빌려준 사람은 그 기간에는 돈을 쓰지 못합니다. 소비할 기회를 포기한 셈이지요. 이러한 소비 기회의 상실을 보상하는 게 이자라는 겁니다. 세상에는 공짜가 없는 법이니까요.

둘째, 돈을 빌려 간 사람이 갚지 못하는 경우가 있어요. 돈을 빌려준 사람이 손실을 봐요. 이러한 위험을 안고 돈을 빌려주는 것이므로 이에 보상하기 위해서 이자를 줘야 한다는 거예요.

어느 회사가 이자 없이 돈을 빌렸다고 해봐요. 회사는 이 돈으로 사업해서 이익을 남겨 빌린 돈을 갚았습니다. 대출을 통해 회사 사장은 이득을 봤어요. 하지만 이자가 없으니 돈을 빌려준 사람이나 중개 역할을 한 은행은 아무런 보상을 받지 못했다면, 과연 이것이 공정하다고 말할 수 있을까요?

Q #예금_이자 #대출_이자 #돈의_흐름 #보상 #자본주의 #공정성 #소비_기회 #손실_위험

013

이자율

원금이 많으면
이자도 많아져

우리가 은행에 예금한 돈을 '원금'이라고 합니다. 원금은 '처음의
돈' 또는 '원래의 돈'을 뜻해요. 이 원금에 은행이 주는 (예금) 이
자를 더하면 예금 총액이 됩니다.

예금 원금 + 예금 이자 = 예금 총액
100만 원 + 3만 원 = 103만 원

은행에서는 "원금 100만 원에 이자로 3만 원을 드립니다" 하
는 식으로 말하지 않아요. 대신 '이자율'이라는 용어를 써요. 이
자율은 이자를 원금으로 나눈 백분율(=이자÷원금×100)입니다.
위 사례에서는 이자율이 3%(=3/100×100)이지요. 따라서 은행에
서는 "이자율이 3%입니다" 식으로 말해요.

그렇다면 매일 이자로 3만 원을 주는 걸까요? 아니면 매달
이자로 3만 원을 주는 걸까요? 기본적으로 이자는 일 년을 단위

로 표시하고 계산합니다. 따라서 위 사례에서는 이자를 1년에 3만 원 준다는 뜻이에요. 만약 2년 동안 예금하면 전체 이자가 6만 원이고요.

이자율에는 이름이 하나 더 있어요. '금리'입니다. 어른들은 금리라는 용어를 더 많이 사용해요. 어찌 됐든 이자율과 금리는 완전히 같은 말입니다.

이자율이 3%라는 말은 100만 원을 예금하면 이자로 1년에 3만 원, 1,000만 원을 예금하면 이자로 1년에 30만 원을 준다는 뜻입니다.

예금 원금 × 예금 이자율 = 예금 이자
100만 원 × 3% = 100만 원 × 0.03 = 3만 원

이자율이 높아지면 같은 금액을 맡기더라도 이자를 더 많이 벌 수 있으므로 예금하는 사람은 이득입니다. 따라서 가능하면 많은 돈을 예금하려고 하겠지요. 반대로 이자율이 낮아지면 예금에서 받는 이자가 적어지니 예금하려는 사람도 줄어들어요.

그렇다면 은행이 돈을 더 많이 확보하고 싶을 때 어떻게 해야 할지 분명해집니다. 이자율을 올리는 거예요. 그 결과 예금이 늘어납니다. 반대로 은행에 충분한 자금이 확보돼 있어 돈이 더 필요하지 않다면 이자율을 낮춰 예금을 덜 받으려고 합니다.

지금까지 예금을 중심으로 원금과 이자와 이자율에 관해서 얘기했어요. 이 관계는 대출에서도 그대로예요. 우리가 은행에서 빌리는 돈도 원금이라고 합니다.

대출받으면 나중에 원금 말고도 대출 이자까지 더해서 갚아야 합니다. 만약 대출 이자율이 5%라면 빌린 돈 100만 원에 이자 5만 원을 더해 총 105만 원이 갚아야 할 빚의 총액이 되는 거예요.

대출 원금 + 대출 이자 = 전체 빚
100만 원 + 5만 원 = 105만 원

은행은 대출 이자를 예금 이자보다 더 많이 요구한다고 했지요. 이 차액이 은행의 수익이라고도 말했고요. 따라서 대출 이자율이 예금 이자율보다 항상 높답니다.

Q   #원금 #원래_돈 #예금 #이자 #금리 #빛의_총액 #대출_이자 #예금_이자 #예금하는_이득

014

소득

돈을 쓰려면 벌어야죠

돈을 쓰려면 돈이 있어야 합니다. 그런데 돈은 하늘에서 그냥 떨어지지 않아요. 한국은행이 돈을 찍어 국민에게 나눠주지도 않습니다. 누구나 돈을 벌어야 해요. 열심히 일하고 그 대가로 돈을 버는 거예요. 본인의 일을 전문적으로 반복해서 하는 일이 바로 '직업'입니다. 어른들은 대부분 직업을 가지고 일해서 '소득'을 벌고 있습니다.

직업의 종류는 무척 다양해요. 경제가 발전하면서 과거에 있던 직업 가운데 일부는 사라졌습니다. 반면, 전에는 없던 새로운 직업이 생겨나기도 하고요.

어떤 일을 어떤 방식으로 하고 있는지에 따라서 사람들이 버는 소득을 여러 종류로 구분할 수 있어요. 여러분은 앞으로 어떤 소득을 벌 계획인지 계획한 게 있나요?

첫째, '근로소득'이 있어요. 다른 사람이 만든 회사에 출근하며 일을 해주고 그 대가로 월급과 보너스를 받는 사람들이 근로

↑ 소득의 종류

자 · 노동자이고, 이들이 버는 소득이 근로소득입니다. 어느 나라이든 가장 많은 수의 국민이 벌고 있는 소득이랍니다. 우리나라는 대략 일하는 어른의 3분의 2 정도가 근로자입니다.

회사가 망하지 않는다면 정해진 월급을 약속한 날짜에 확실하게 벌 수 있다는 게 근로소득의 좋은 점입니다. 저축 계획이나 지출 계획을 세우기 편해요. 하지만 좋은 면만 있는 게 아니에요. 근로소득은 아무리 일을 잘해도 정해진 소득 이상 벌기 어려워요. 그리고 회사 경영이 잘 안되면, 자신의 의지와 상관없이 회사를 그만두어야 하는 경우도 생깁니다.

둘째, '사업소득'이 있어요. 자신이 직접 회사를 만들고 경영해서 버는 소득입니다. 회사라고 해서 꼭 많은 근로자를 채용하

🔍 #소득의_종류 #근로소득 #사업소득 #재산소득 #이전소득 #직업 #노동 #사업 #재산 #용돈

고 수십 층의 빌딩을 보유하는 대기업만 생각하면 안 돼요. 혼자 운영하는 작은 가게나 식당도 모두 다 회사이고, 회사를 경영해서 버는 소득이 사업소득입니다.

회사 사업이 잘되면 사업소득이 늘어나서 좋아요. 반대로 사업이 잘 안되면 사업소득이 줄어들거나 전혀 없게 됩니다. 이처럼 변동이 심하다는 점이 사업소득의 단점입니다.

셋째, '재산소득'도 있어요. 자신이 소유한 재산(돈, 땅, 집 등)을 다른 사람에게 빌려주고 그 대가로 버는 소득이에요.

가령 돈을 많이 가지고 있는 사람은 은행에 예금해 이자를 받거나 주식 등에 투자해 수익을 올립니다. 이때 이자나 투자 수익이 재산소득입니다. 땅, 집, 건물을 보유하고 있는 사람은 이것을 다른 사람이나 회사에 임대해주고 월세나 임대료를 받아요. 건물주가 받는 돈 역시 재산소득이에요.

넷째, '이전소득'이라는 좀 색다른 소득도 있어요. 우선은 여러분이 받는 용돈이라고 생각하면 됩니다. 이에 대해서는 조금 뒤에서 따로 설명할게요.

소득과 비슷한 말로 '수입'이 있습니다. 소득이나 수입이나 모두 다 '들어오는 돈' 이라는 뜻이에요. 그래서 두 용어를 엄격하게 구분하지 않고 쓰는 사람이 많아요. 그러나 둘 사이에는 약간의 차이가 있습니다. 일하지 못할 뿐 아니라 재산도 없는 사람을 생각해볼게요. 이 사람은 소득이 한 푼도 없겠지요. 만약 이 사람이 친구에게서 돈을 빌린다면, 그 빌린 돈은 이 사람의 수입이 됩니다. 이게 소득과 수입의 차이입니다.

015

재산소득
황금알을 낳는 거위가 필요해

사람들은 대개 근로소득이나 사업소득 가운데 하나를 벌어요. 두 종류의 직업을 가지고 근로소득과 사업소득을 함께 버는 사람은 예외적이지요. 그 이유는 '시간'에 있습니다. 시간은 하루 24시간으로 정해져 있어요. 여기에서 잠자는 시간, 밥 먹는 시간, 쉬는 시간을 빼면 사실상 일할 수 있는 시간은 10시간 남짓입니다. 이 시간에 근로자로서 다른 사람의 회사에서 일하고 동시에 자신의 사업체를 경영하는 '투잡'**two jobs**을 한다는 건 비현실적이에요. 대개는 둘 가운데 하나를 직업으로 삼죠.

그러나 재산소득은 달라요. 은행 이자, 투자 수익, 부동산 임대료 같은 것들이 재산소득이라고 했죠. 재산소득을 얻기 위해서는 특별히 시간을 쓸 필요가 없어요. 근로자로서 회사에서 일하는 시간에도, 은행에 맡긴 돈에서 스스로 이자가 붙습니다. 은행이 알아서 이자를 벌어다 주니까 특별히 신경 쓸 필요도 없어요.

방을 월세로 빌려주는 경우도 마찬가지예요. 세입자와 월세계약을 맺을 때 시간을 잠시 내면 될 뿐, 그다음부터는 집주인이 따로 시간을 투입할 필요가 없어요. 매달 정해진 날에 월세가 꼬박꼬박 생겨납니다. 이것이 재산소득의 특징이자 중요성이에요.

본래 소득 외에 재산소득은 동시에 발생할 수 있어요. 자연스럽게 투잡이 가능한 거죠. 누구라도 재산이 있다면 재산소득을 추가로 벌 수 있어요. 재산은 이솝 우화에 나오는 '황금알을 낳는 거위'와 같아요. 재산소득이 중요한 이유는 또 있어요. 근로소득이나 사업소득은 평생 벌 수 없어요. 나이가 들거나 병에 걸리면 일하고 싶어도 일하지 못하므로 소득이 생기지 않아요. 그러나 이런 상황에서도 재산소득은 꾸준히 생깁니다.

돈을 많이 벌려는 욕구는 누구에게나 있어요. 그러나 모든 사람이 이 욕구를 채우지는 못해요. 가난한 사람과 여유로운 사람이 함께 존재하는 현실이에요. 재산소득이 있느냐의 여부가 이를 결정하는 중요한 요인입니다. 따라서 근로소득이나 사업소득으로 버는 돈을 모두 소비하지 않고 일부를 모아 재산을 만드는 일이 중요해요. 소득 대부분을 소비하면 재산이 생길 리 없어요. 소득이 적더라도 아껴 쓰면 재산을 만들 수 있어요.

처음 재산을 만드는 게 힘들지 일단 재산이 생기면 재산은 스스로 몸집을 불려요. 주인은 시간이 흐르기만 기다리면 됩니다.

Q #한정된_시간 #자원 #투자 #투입 #자산 #재산 #재산소득의_여부 #시간의_흐름에_따라서

016

이전소득
소득을 거저 받는다고?

근로소득이나 사업소득은 생산 활동에 참여해 땀 흘려 일한 대가로 받는 소득이에요. 재산소득은 본인의 재산을 다른 사람이 이용하도록 해준 대가로 받는 돈이고요. 이처럼 소득은 보통 무엇인가를 해주고 대가로 받습니다. 그런데 대가와 관계없이 받는 특이한 소득이 있어요. 이걸 '이전소득'이라고 해요. 생산 활동에 직접 기여하지 않고 받는 소득이에요. '이전'transfer이란 남에게 넘겨주거나 넘겨받는다는 뜻입니다.

부모가 자녀에게 주는 용돈이 이전소득의 전형적인 사례입니다. 아무 대가 없이 주는 게 용돈이니까요. 어른이 된 자녀가 부모에게 드리는 용돈, 세뱃돈, 생일 축하금 등도 이전소득입니다.

여러분은 아직 일할 수 있는 나이가 아니므로 이전소득을 받아 필요한 곳에 쓰는 게 자연스럽습니다. 하지만 이런 돈을 너무 당연하게 자식이니 받을 권리라고 생각하지 않았으면 좋겠어요. 어른들이 힘들게 일해서 번 소득에서 나오니까요. 용돈을 받는 대신에 자발적으로 집안일을 돕거나 심부름한다면 좋지 않을까요? 아니면 자원봉사나 이웃을 돕는 일을 하는 것도 좋겠지요.

지금까지 이야기한 이전소득은 가족끼리 주고받는 돈입니다. 우리 사회에서 더 중요한 이전소득은 정부에서 나와요. 물론 정부가 아무에게나 이전소득을 주지는 않아요. 나이가 많거나 심한 병으로 일할 수 없는 국민 가운데, 재산도 없고 도와줄 가족조차 없는 사람들을 선정해요. 기초생활수급자에게 주는 생계급여, 주거급여, 의료급여 등 각종 지원금이 여기에 해당합니다.

아이를 키우는 부모의 경제 부담을 줄이려고 정부가 지급하는 아동수당도 이전소득에 해당해요. 그리고 소득이 일정 기준에 미달하는 65세 이상 어르신들에게 주는 기초연금도 이전소득입니다. 연금은 뒤에서 따로 자세하게 설명할 거예요. 정부가 이전소득을 많이 줄수록 받는 사람은 좋겠지요. 하지만 이전소득은 세금에서 나오므로 이전소득을 늘리려면 정부가 세금을 더 많이 거둬야 한다는 사실을 명심해야 합니다. 세금을 많이 내고 싶은 사람은 별로 없으므로 이전소득을 늘리는 일이 쉽지 않아요.

설령 정부에 돈이 충분히 있더라도 일하는 사람들이 버는 소득보다 더 많은 이전소득을 줄 수는 없지요. 그러면 누가 힘들게 일하고 싶겠어요?

🔍 #대가_없이_넘겨받는_재산 #이전 #용돈 #당연한_권리가_아니야 #급여 #지원금 #수당

017

소비 성향
돈은 쓰라고 있는 거야!

일해서 번 돈을 고스란히 가지고 있을 순 없어요. 살아가는 데 필요한 재화나 서비스를 사야 하니까요. 이러한 목적에서 쓰는 돈이 '소비'입니다. 돈이 내 지갑에서 흘러 나가는 것이므로 돈이 들어오는 소득과 반대 방향으로 돈이 빠져나갑니다.

소득과 수입은 약간 다르다고 했어요. 이와 비슷하게 소비와 지출도 약간 달라요. 사람들은 소비와 지출을 엄격하게 구분하지 않고 사용하지만, 차이를 정확하게 알 필요가 있습니다.

우리가 쓰는 돈 대부분은 소비 목적을 지니지만, 소비 말고도 돈을 쓰는 경우가 있어요. 가령 정부에 세금을 내려고 돈을 씁니다. 은행에서 빌린 돈의 이자를 내는 데도 돈을 씁니다. 세금을 내거나 이자를 갚는 행위는 소비가 아니에요. 하지만 분명히 돈이 지갑에서 빠져나가지요. '소비'에 세금이나 대출 이자까지 모두 합해서 개인의 지갑에서 나가는 모든 돈을 '지출'이라고 합니다.

세금을 낼 일이 없거나 은행에서 빌린 돈이 없는 여러분 같은 경우는 소비와 지출이 같겠지요. 하지만 보통 어른의 경우에는 지출이 소비보다 많습니다. 사람마다 버는 소득이 다르듯이 소비하는 행태도 달라요. 우리가 흔히 구두쇠 또는 짠돌이라고 부르는 사람은 소득 가운데 소비로 쓰는 돈의 비율이 현저하게 낮아요. 이런 사람을 '소비 성향'이 낮다고 말합니다.

소비 성향은 소득에서 소비가 차지하는 비율을 말해요. 소득 100만 원 가운데 소비하는 데 70만 원을 쓴다면 소비 성향이 0.7 또는 70%이지요. 이런가 하면, 용돈을 받는 족족 바로 다 써버리는 사람도 있어요. 소비 성향이 1에 가까울 정도로 높은 사람이지요. 씀씀이가 헤픈 사람입니다. 극단적으로 소비 성향이 1보다 높은 사람도 있어요. 자신이 번 소득으로는 부족해 돈을 빌려서 소비를 더 많이 한 사람이지요. 물론 언젠가는 빚을 갚아야 하므로 소비 성향이 1보다 높은 상태를 오래 유지할 수 없습니다.

소비 성향이 있으면 저축 성향도 있습니다. 소비 성향이 높은 사람은 당연히 저축 성향이 낮아요. 둘 다 높을 순 없으니까요.

여러분의 소비 성향은 어떤가요? 소비 성향이 높으면 버는 돈 대부분을 소비하니 저축할 여력이 별로 없습니다. 저축을 많이 하지 못하니 재산을 쌓지 못하겠죠. 미래, 노후에 충분히 대비하지 못해 나이 들어 경제적인 어려움을 겪게 될 가능성이 커요.

Q #소득과_소비 #수입 #재화 #서비스 #세금 #지출 #버는_돈보다_쓰는_돈이_더_많으면

018

합리적 소비
돈을 버는 것도 중요하지만
관리하고 쓰는 것도 중요해

돈을 모으는 데 있어 소득이 중요할까요, 아니면 소비가 중요할까요? 답하기 쉽지 않은 질문이에요. 둘 다 중요하지만, 굳이 하나만 꼽으라면 소비를 꼽는 전문가들이 많아요. 돈을 많이 버는 일도 중요하지만, 돈을 어떻게 관리하고 쓰느냐가 더 중요하다는 거예요.

수백억 원짜리 복권에 당첨됐지만 10년 뒤에 빈털터리가 되고 빚까지 진 사람이 있어요. 반면에 얼마 되지 않는 월급을 받으면서도 알뜰살뜰 생활해 이른 나이에 자기 집을 마련한 사람도 있습니다. 이런 사례를 통해 소비 습관이 훨씬 더 중요하다는 걸 충분히 이해할 수 있어요.

소득이 높다고 해도 무한한 욕구를 모두 충족하는 일은 불가능해요. 소득까지 무한한 사람은 이 세상에 없으니까요. 세계 최고의 갑부 대열에 올라가 있는 일론 머스크나 빌 게이츠도 소득이 유한하니까요. 소득은 언제나 희소하답니다. 여러분의 용돈이 희소한 것처럼요.

그렇다면 희소한 용돈을 가지고 합리적으로 소비하는 방법을 알고 실천해야 합니다. 간혹 소득 안에서 소비하면 모두 합리적 소비라고 생각하는 사람이 있는데, 이는 잘못된 생각이에요. 대학에 합격했는데 소득이 부족하다고 대학 진학을 포기하는 게 과연 합리적일까요? 빚을 져서라도 등록금을 내는 데 돈을 쓰는 게 합리적일 수 있어요.

합리적으로 소비하기 위해서는 두 가지를 명심해야 합니다.

첫째, 내가 쓰는 돈의 편익과 비용을 비교해야 합니다. '편익'은 돈을 쓴 결과 얻게 되는 만족이나 이득을 말해요. '비용'은 돈을 쓸 때 부담해야 하는 대가인데, 경제학에서는 이를 '기회비용'이라고 부르지요.

합리적 소비가 되려면 편익이 기회비용보다 커야 해요. 용돈으로 5천 원짜리 햄버거를 먹을지 고민하는 경우, 햄버거를 먹을 때 얻는 만족이 5천 원 이상이라고 해서 햄버거를 먹는 게 늘 합리적 소비일까요?

꼭 그렇지는 않아요. 햄버거를 먹을 때의 기회비용에는 5천 원 말고도 흡수하는 칼로리, 섭취하는 소금, 함께 마시는 청량음료 때문에 나빠지는 건강까지 포함돼요. 편익이 이런 것까지 포함한 기회비용보다 커야 비로소 햄버거를 먹는 게 합리적 소비에요.

둘째, 편익과 기회비용의 차가 제일 큰 걸 선택해야 합니다. 가령 햄버거 말고도 떡볶이, 만두에서도 기회비용보다 더 큰 편익을 얻는다고 해봐요. 셋 다 편익이 크므로 아무거나 먹으면 합리적이라 할 수 없어요. 편익과 기회비용의 차가 제일 큰 걸 먹어야 합리적 소비가 됩니다.

Q   #소비 #소비_습관 #희소성 #편익과_비용 #기회비용 #돈을_어떻게_관리하는지가_중요해

019

예산
돈에 관한 계획을 세우고 따르라!

합리적으로 소비하기가 어렵나요? 받은 용돈을 바로 써버려 다음 용돈 받는 날까지 용돈 없이 힘들게 버티나요? 충동구매를 한 뒤 후회하는 일이 자주 있나요? 이런 바람직하지 않은 습관을 한 꺼번에 해소하는 비법이 있습니다. 돈에 대한 계획을 세우는 거예요. 다름 아닌 '예산'을 세우라는 말입니다.

예산 하면 국가가 마련하는 예산이 먼저 떠올라요. 정부가 일 년 동안 들어오는 돈과 나가는 돈에 대한 구체적인 계획을 세우고, 국회가 이 예산을 의결합니다. 국민의 돈인 세금을 합리적이고 아껴 써야 하므로 정부 예산은 매우 중요하답니다.

마찬가지로 개인이나 가정에도 예산이 꼭 필요해요. 여러분이 받는 용돈이 적다고 예산의 중요성까지 줄어드는 건 절대 아니랍니다. 용돈이 적을수록 합리적으로 써야 할 필요성이 커지므로 반드시 계획을 세워야 해요.

예산은 수입과 지출로 이루어집니다. 여러분은 대개 '수입=

소득, 지출=소비'이겠지요. 예산을 세우면 용돈이나 기타 소득을 얼마나 받고 있으며, 쓰고 남아 있는 돈이 얼마인지, 그리고 어느 곳에 얼마를 쓸 것인지가 일목요연하게 드러납니다.

예산을 짤 때 명심할 것들이 있어요. 우선 수입을 지나치게 낙관적으로 잡으면 안 돼요. 지출할 곳이 많다고 확실하지도 않은 수입을 많이 잡아놓으면 예산을 짜는 의미가 없어져요. 가령 이번 달에 생일이라고 온 가족으로부터 용돈을 많이 받을 거라고 섣불리 예상해선 안 돼요. 용돈이 얼마가 될지 모르잖아요. 만약 평소와 달리 소득이 생긴다면, 그때 예산을 수정하면 돼요.

다음으로 지출의 우선순위를 정합니다. 사거나 하고 싶은 일을 모두 예산에 담으면 보통은 지출이 수입보다 많아져요. 수입을 마음대로 늘릴 순 없으니 지출을 줄여야 해요. 정말 내게 필요한 일인가? 당장 필요한 건가? 필요성을 명확히 설득할 수 있는가? 등의 질문을 본인에게 던져 바로 지출해야 할 항목과 그렇지 않은 항목을 가려내고 지출의 우선순위를 정하는 겁니다.

마지막으로 철저하게 예산에 따라 돈을 쓰는 습관을 길러야 합니다. 예산을 세운 후 이에 따르지 않는다면 예산을 짠 보람이 없어지니까요. 예산에 있는 계획을 지킨다면 할인 광고를 보자마자 충동적으로 구매하는 일을 피할 수 있답니다.

Q #충동구매 #지름신 #돈에_대한_계획을_세우자 #필요한_것인지_생각해보자 #우선순위

020

재무 설계

각자의 목표를 위해
돈 관리를 계획해요

비행기는 출발하기 전에 목적지까지의 운항 계획을 치밀하게 세
웁니다. 승객의 안전을 위해 날씨와 바람의 영향을 고려한 뒤 목
적지까지 경로를 설정하는 거예요.

우리도 인생을 운항하는 중이에요. 각자 미래의 목표, 꿈을
설정하고 이를 달성하기 위해 안전하고 확실한 경로를 설정해야
해요. 돈 관리와 관련해서 운항 계획을 세우고 실천하는 걸 '재무
설계'라고 합니다. 재무 설계를 하는 이유는 본인이 필요로 하고,
원하는 것, 예상하지 못한 긴급한 일 등을 어려움 없이 충족할 수
있도록 대비하기 위해서랍니다. 그러니 재무 설계를 통해 예금이
나 투자에 대한 계획, 위험을 관리하는 계획, 은퇴 이후와 노후 생
활에 대비하기 위한 계획 등을 세워야 해요. 앞에서 얘기한 예산
짜기는 재무 설계의 한 부분이에요.

재무 설계는 크게 4단계로 이루어져요. 먼저, 자신의 재무 목
표를 세워야 해요. 목표가 있어야 계획을 세우니까요. 기간에 따

라 단기, 중기, 장기 목표로 나눠 설정하면 좋아요. 목표는 구체적으로 세우고 목표 달성에 필요한 액수와 목표의 우선순위 등을 고려합니다. 이때 무리한 목표를 세우지 말아야 해요. 목표를 달성하려는 욕심 때문에 비합리적으로 선택할 우려가 있어요. 처음부터 인생 전체의 재무 목표를 세우기는 힘들 거예요. 따라서 이번 학년을 마칠 때까지, 중학교를 마칠 때까지, 고등학교를 마칠 때까지 등 기간을 나눠 재무 목표를 세우면 좋을 겁니다.

재무 설계의 두 번째 단계에서는 자신의 재무 상태를 파악해요. 현재 수입이 얼마이며 얼마나 저축할 수 있는지 등을 분석하는 거죠. 지금까지 모은 재산이 얼마인지도 알고 있어야겠지요. 다음으로는 예산을 수립하고 실행해요. 매주 또는 매달 수입을 어디에 얼마나 사용할지에 대한 예산을 세우고 이에 따라 실천하는 습관을 길러야 해요. 마지막 단계에서는 설계한 내용을 결산하고 반성해요. 늘 재무를 완벽하게 설계하고 빈틈없이 실천하는 사람은 드물어요. 그러니 결산을 통해 잘한 점과 잘못한 점을 평가해서 고쳐야 할 곳이 있으면 수정해야겠죠. 그리고 계획과 달리 수입이나 지출에 중요한 변화가 생기면 이를 반영해 예산을 수정해야 하고요.

🔍 #경로_설정 #하나씩_하나씩 #무리한_목표는_종지_않아 #상태_파악 #계획_수립 #결산

021

충동구매

지름신이 내리는 이유가 뭘까?

물건을 살 필요나 계획이 없었는데, 막상 물건을 보고 탐이 나서 또는 광고를 보고 갑자기 욕구가 생겨 구매하는 게 충동구매입니다. 충동구매로 산 물건들은 몇 번 쓰지도 않은 채 구석에서 먼지만 쌓입니다. "왜 샀을까?" 하며 후회를 부르지요. 아까운 돈을 낭비하는 거예요. 합리적 소비와는 거리가 먼 소비 행위입니다.

충동구매가 좋지 않음을 알지만, 자신도 모르게 충동구매에 빠지는 경우가 종종 있어요. 충동구매를 하는 데는 여러 원인이 있습니다.

우선 심리적으로 불안하거나, 우울하거나, 화가 날 때 충동구매를 할 가능성이 커져요. 소비를 통해 기분 전환을 하거나 자기 존재감을 느끼는 거지요. 하지만 이 요인을 가지고 충동구매를 모두 설명하기는 힘듭니다.

더 중요한 요인은 소비자의 충동구매를 유도하는 기업의 다양한 마케팅 전략에 있어요. 홈쇼핑이 단골로 사용하는 '곧 품절'

'매진 임박' 같은 문구가 대표적이에요. 시청자에게 급한 마음이 들게 하는 거지요. 필요성 등을 이성적으로 따지지 못하고 가격 비교도 제대로 하지 않은 채 서둘러 지갑을 여는 시청자들이 많아집니다.

가격표에도 충동구매를 유도하는 함정이 숨어 있어요. 마트의 가격표를 보면 990원, 9,900원, 19,900원처럼 유독 9라는 숫자가 많이 들어있습니다. 9,900원보다 10,000원이 더 깔끔하고 잔돈 계산도 편리한데 군이 9,900원을 받는 이유는 무엇일까요? 100원을 할인해주기 위함일까요? '왼쪽 자릿수 효과'를 노리는 겁니다. 이성적으로 보면 9,900원과 10,000원은 100원 차이에 불과하지만, 사람의 뇌는 직관적으로 그 차이를 더 크게 느껴요. 9,900원은 천 단위의 가격이고 10,000원은 만 단위의 가격이라는 거지요. 그래서 10,000원보다는 9,900원이라는 가격표를 볼 때 싸다는 생각이 들고 구매 계획에도 없던 물건을 카트에 담는 경향이 있습니다.

할인 가격을 표시하는 방법에도 충동구매를 유도하는 치밀한 전략이 숨어 있어요. 가게들은 가격표에 단순히 할인 가격만 표시하지 않아요. 정상 가격을 남겨두거나 정상 가격에 빨간색으로 X 표시를 한 뒤 아래에 할인 가격을 적는 거예요.

Q #욕구 #지름신은_왜 #기분_전환 #심리 #구매_유도 #가격표 #할인 #합리적_소비자 #돈_공부

사람들은 단순히 할인 가격만 있을 때보다, 정상 가격 아래에 할인 가격이 있을 때 물건이 싸다고 생각하게 됩니다. 이를 '기준점 효과'라고 해요. 정상 가격이 '기준 가격'이 되고, 이보다 싼 할인 가격을 보면 뇌가 물건이 싸다고 인식하는 거지요. 누구나 자신은 합리적으로 소비한다고 생각해요. 하지만 우리는 기업의 마케팅 전략에 당하는 '호갱'이 되기 쉬워요. 충동구매에서 벗어나 합리적 소비자가 되려면 정신 똑바로 차려야 하고 돈 공부를 많이 해야 합니다.

매사에 신중하고 문제를 늘 논리적으로 판단하는 사람이 있습니다. 이 사람에게서 빈틈이라고는 찾아볼 수 없습니다. 어떤 난관에 봉착하더라도 당황하지 않고 이성이 지배해 합리적으로 판단하는 능력이 있어요. 여러분은 본인이 이런 사람에 해당한다고 생각하나요? 아닐 거예요. 혹시 지금껏 주위에서 이런 사람을 본 적 있나요? 아마 본 적 없을 거예요. 만약 이런 사람이 있다면 우리는 그를 '호모 이코노미쿠스'homo economicus라고 불러요. 호모 이코노미쿠스가 되려면 AI로 무장한 인조인간 정도는 돼야 할 거예요. 현실에서의 사람은 완벽하지 못해요. 자주 실수를 저지르고 비합리적으로 판단합니다. 감정에 휘둘려 이상하게 보이는 선택도 하지요. 이런 보통 사람의 선택을 연구·분석하려고 '행동경제학'이라는 학문이 생겨났습니다.

부자 습관

부자 되는 게 습관이라고요?

누구나 부자가 되고 싶지만 아무나 부자가 되지는 못해요. 부모님이 재산을 물려주지 않아서 부자가 되지 못한다고 생각하는 사람은 애초에 부자 될 자격이 없는 사람이에요. 돈에 대해서 올바른 습관을 기른다면 소득이 많든 적든 상관없이 모두 부자가 될 수 있어요.

첫째, 푼돈을 아끼는 습관이 중요합니다. 사람들은 푼돈을 우습게 여기는 경향이 있어요. 자투리 돈에 매달리면 궁상맞다고 비웃어요. 하지만 100원이 모여 1,000원, 10,000원이 되는 거예요. 푼돈을 가볍게 여기는 사람은 부자가 되기 어려워요. 목돈을 만들기 위한 출발점이 푼돈입니다. 이에 대해서는 바로 뒤의 '카페라테 효과'에서 더 자세하게 얘기할게요.

둘째, 나누지 말고 곱하는 버릇을 지녀야 합니다. 무슨 말이냐고요? OTT 서비스 한 달 구독료가 15,000원이라고 합시다. 대개는 "하루 500원이네? 이 정도면 비싸지 않아!" 하면서 서비스에 가입합니다. 회사들이 고객에게 홍보할 때도 이런 전략을 쓰고 있어요. 비용을 잘게 쪼개 부담이 되지 않는다는 인식을 심어 주는 전략이에요.

부자가 되려면 한 달 구독료를 12달로 곱해 연간 비용을 따지는 습관을 길러야 합니다. 한 달엔 15,000원이지만, 1년엔 무려 18만 원이에요. 무시하지 못할 큰 금액입니다. "1년에 18만 원이면 ○○회사 주식을 10주나 살 수 있네" 같은 생각이 들면서 OTT 서비스 가입을 다시 고민하게 될 거예요.

셋째, 가성비를 따지는 습관이 필요합니다. "비싼 값을 한다"는 생각이 늘 잘못된 건 아니에요. 하지만 모든 물건을 꼭 비싼 것으로 살 필요는 없어요. 어떤 건 값이 싸더라도 소비 효용을 충분히 얻어요.

무조건 비싼 것, 새것, 유명한 것을 찾기보다는 벼룩시장이나 중고 거래 앱에서 필요한 물건을 사는 편이 가성비 측면에서 더 만족스러울 때가 있어요. 철 지난 물건이나 이월 상품도 훌륭한 선택이 되고요.

마지막으로, 남을 탓하지 말고 자신에게서 문제를 찾는 습관을 지녀야 합니다. 무엇인가 결과가 좋지 않을 때마다 남의 탓으로 돌리는 사람은 부자가 되지 못해요. 자신의 부족함이나 잘못

#자투리_돈_무시하지_마 #카페라테_효과 #1년에_얼마인지 #가성비 #효용 #반성과_발전

을 인정하지 않고 원인을 다른 데로 돌리기 때문입니다.

　이런 사람은 자기 발전이 없어요. 사람은 누구나 실수도 하고 잘못도 합니다. 실수나 잘못의 원인을 자신에게서 찾아 반성의 기회로 삼는다면, 미래에 더 나은 선택을 할 수 있어요. 실수에서 배우고 실수를 자기 발전의 기회로 삼는 게 부자들의 공통된 습관입니다.

023

카페라테 효과

티끌 모아 태산이 되고
푼돈 모아 억만장자가 되는 비결

어른들은 커피를 참 좋아합니다. 그중에서도 커피에 우유를 추가한 게 카페라테caffè latte입니다. 라테는 우유를 뜻하는 이탈리아어에요. 도대체 커피 메뉴 가운데 하나인 카페라테가 돈 관리와 무슨 관계가 있을까요?

어른들은 피곤하거나, 친구를 만나거나, 심지어 입이 심심하면 커피를 마셔요. 식사한 뒤에도 당연한 듯 커피를 주문합니다. 일을 할 때에도 마시고요. 이래저래 하루에 커피 몇 잔씩 습관적으로 마시는 사람이 많아요.

커피 한 잔을 위해 쓰는 돈은 큰돈이 아니에요. 이런 생각에서 커피를 여러 잔 마시다 보면 하루에 1만 원 정도 지출하게 돼요. 한 달이면 30만 원, 일 년이면 무려 360만 원을 커피 마시는 데에 쓴다는 뜻이에요. 이젠 절대로 적은 돈이 아닙니다.

이처럼 사람들이 가벼운 기호식품 등에 습관적으로 쓰는 자잘한 돈이 낭비로 이어질 수 있음을 은유적으로 표현한 말이 '카페라테 효과'입니다. 다르게 이야기하면, 커피 마시는 데 쓰는 푼돈을 절약해 꾸준히 모으면 목돈을 만들 수 있다는 뜻이기도 해요. 푼돈의 중요성을 강조하는 용어이지요. 우리 속담을 빌리면 '티끌 모아 태산 효과'라고 할 수 있어요.

꼭 카페라테 마시는 데 쓰는 돈을 절약하라는 뜻이 아니라는 점은 여러분도 이미 짐작하고 있을 거예요. 음료수, 과자, 군것질, 담배, 택시, 구독 서비스, 술 등에 쓰는 돈도 결코 가벼이 보지 말고 아낄 수 있으면 아껴야 합니다.

카페라테 효과가 어른에게만 해당하는 건 아니에요. 여러분도 청량음료나 달콤한 주스를 자주 마시지요? 휴대전화를 사면 액세서리 몇 개는 반드시 살 테고요. 길에서 우연히 예쁜 캐릭터 상품을 발견하면 '겨우 몇천 원'이라는 생각에서 가볍게 돈을 쓴 적이 있을 거예요.

우리가 흔히 '껌값'이라고 부르는 것들을 우습게 생각하면 안 됩니다. 이런 데 쓰는 자투리 돈을 절약하면 상당한 돈이 됩니다. 가령 한 달에 커피에 쓰는 돈 30만 원을 30년 동안 꾸준히 저축하면 이자까지 더해 2억 원 이상을 모을 수 있어요. 억만장자가 되는 거예요.

쓰지 않아도 될 곳에 쓰는 푼돈을 아끼는 습관 하나만 지녀도

🔍 #한_번이_한_달이_되고_일_년이면_얼마 #티끌_모아_태산 #꾸준한_저축 #지출을_살피자

부자가 될 수 있어요. 부자가 되지 못하는 진짜 이유는 월급이 적어서가 아니에요. 줄줄이 새는 지출이 문제랍니다.

"가지고 싶은 것을 사지 마라. 꼭 필요한 것만 사라. 작은 지출을 삼가라. 작은 구멍이 거대한 배를 침몰시킨다."

벤저민 프랭클린Benjamin Franklin이 남긴 유명한 말입니다.

돈에 등장하는 인물이라면 분명히 위인이라고 할 수 있을 거예요. 미국 100달러 지폐에는 벤저민 프랭클린의 얼굴이 있어요. 대통령은 아니었지만 지금도 대통령 이상으로 인지도가 높고 미국인에게 존경받는 인물이랍니다. 가난한 집안에서 태어나 정규 교육도 제대로 받지 못한 채 자수성가한 미국인의 원조이자, 미국 건국의 아버지라는 평가도 받아요. 벤저민 프랭클린은 삶의 지혜가 담긴 명언들을 많이 남겼어요. 몇 개만 볼게요. "오늘 할 수 있는 일을 내일로 미루지 마라." "실천이 말보다 낫다.", "버는 것보다 적게 쓰는 법을 안다면 현자의 돌을 가진 것과 같다." "가난은 부끄러울 일이 아니지만, 가난을 수치스럽게 생각하는 것은 부끄러운 일이다." "지식에 투자하는 것은 항상 최고의 이자를 지불한다." 오늘날까지 두루 인용되는 말들이에요.

024

보통예금

입금과 출금을
언제든 마음대로 할 수 있어

예금은 은행에 돈을 맡기는 거라고 했어요. 요즘에는 영업점을 방문하지 않고도 계좌를 만들 수 있는 은행도 생겨났지만, 대개는 처음 예금하려면 거래하려는 은행의 영업점을 직접 방문해 자신의 이름으로 계좌를 만들어야 해요. '계좌를 개설한다'라고도 말하지요. 우리나라는 금융거래할 때 반드시 본인의 이름으로 해야 한다는 '금융실명제'를 시행하고 있어요. 그래서 계좌를 개설하려면 본인임을 증명하는 신분증이 필요합니다. 미성년자도 예외 없어요. 청소년이라면 청소년증이나 학생증을 신분증으로 쓸 수 있어요. 신분증 외에 도장을 준비하고 비밀번호도 생각해놓아야 해요.

계좌를 만들면 은행은 여러분의 이름과 계좌번호가 새겨진 통장을 만들어줘요. 계좌번호는 은행이 기계적으로 부여하는데, 예금주가 가입한 예금 상품의 아이디 번호인 셈이에요.

은행에 돈을 맡길 수 있는 상품에는 크게 보통예금, 정기예

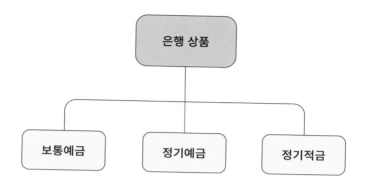

↑ 은행 예금 상품의 종류

금, 정기적금 이렇게 세 종류가 있어요. 어떤 목적에서 얼마의 금액을 얼마 동안 예금할지에 따라 본인에게 맞는 예금 상품을 골라야 하므로, 세 가지 상품의 성격과 특성을 알고 있어야 해요.

세 종류 상품 가운데 제일 기본이 되는 예금 상품이 '보통예금'이에요. 은행과 거래하는 사람은 거의 다 보통예금에 가입해 있어요. 괜히 '보통'예금이라는 말이 만들어진 게 아니지요.

보통예금은 입출금이 자유로운 예금, 또는 수시입출금식 예금 등 부르는 이름이 많아요. 예금주가 언제든 금액도 자유롭게 입금(돈을 은행에 넣음)하거나 출금(돈을 은행에서 빼냄)할 수 있는 특성을 드러냅니다.

은행은 우리가 맡긴 돈을 대출해줘서 이자를 번다고 했지요. 그런데 보통예금으로 들어온 돈은 예금주가 언제 돈을 찾을지 은행이 예측할 수 없잖아요. 그래서 은행은 이 돈을 섣불리 대출해 주지 못하고 대출 이자를 많이 벌지 못해요.

이런 이유로 은행은 보통예금에 맡긴 돈에 대해서는 이자를 거의 주지 않아요. 보통예금은 이자율이 매우 낮다는 말이에요. 그렇다면 예금주는 이자도 거의 받지 못하는데 왜 굳이 보통예금에 가입할까요? 본인이 원할 때마다 자유롭게 입금하거나 출금할 수 있는 '자유' 또는 '편리함' 때문이에요. 월급으로 받은 큰돈을 집에 보관하고 있으면 헤프게 쓰거나 잃어버리거나 도난당할 수 있어요. 그러니 은행에 맡겨 놓고 있다가, 필요할 때마다 조금씩 찾아 쓰는 목적에서 가입하는 예금 상품이랍니다. 이른바 생활비 통장이라고 보면 돼요.

#예금 #계좌 #금융실명제 #비밀번호 #통장 #자유롭게_저축하고_꺼내요 #생활비 #편리함

정기예금

한 번에 넣고
만기까지 찾지 않으리라

보통예금에는 이자가 거의 없으므로 돈을 불리려는 목적을 지닌
사람이라면 다른 상품에 가입해야 합니다. 이런 사람들을 위해
정기예금이나 정기적금이 있어요. 두 상품 모두 '정기'라는 말이
붙어 있죠? 기간이 정해져 있다는 뜻이에요. 즉, 예금주가 6개월,
1년, 2년 등 미리 기간을 정하고 은행에 돈을 맡기는 거예요. 특
별한 사정이 없다면 은행과 약속한 기간에는 돈을 출금하지 않겠
다는 거지요. 약속한 기간이 다 되면 '만기'가 됐다고 해요.

　따라서 정기예금이나 정기적금으로 받은 돈은 은행이 대출
계획을 쉽게 세울 수 있어요. 만기가 언제인지 알 수 있고, 만기
전까지는 은행이 마음 놓고 돈을 여기저기 대출해줄 수 있으니까
요. 은행이 대출 이자를 많이 벌 수 있으므로 정기예금이나 정기
적금에 돈을 맡긴 예금주에게 이자를 많이 줄 수 있어요. 다시 말
하면 정기예금이나 정기적금의 이자율은 보통예금보다 훨씬 높
아요. 그렇다면 정기예금과 정기적금의 차이점은 무엇일까요?

'정기예금'은 가입하면서 목돈을, 가령 몇백만 원 또는 몇천만 원을 은행에 맡기고 만기가 될 때까지 돈을 찾지 않는 상품이에요. 그리고 만기가 되면 맡긴 목돈과 이자를 함께 돌려받아요. 당장 쓰지 않을 목돈이 있는 사람이 이자를 벌어 돈을 더 많이 불리려는 목적에서 가입합니다. 그래서 은행에서는 '목돈 굴리기 상품'이라고도 표현해요.

이자율이 3%인 정기예금에 목돈 1,200만 원을 예금한다고 해봐요. 이 사람이 9월 17일에 1년 만기로 예금하면, 다음 해 9월 17일에 원금 1,200만 원과 이자 36만 원(=1,200만 원 × 3%)을 받는 거예요. 단, 계산에서 세금은 고려하지 않았어요. 만약 다음 해 9월 17일이 토요일이나 일요일이라면 은행이 영업하지 않으므로 다음 주 월요일에 찾을 수 있답니다. 하루나 이틀 동안 예금을 더 했으므로 이자가 그만큼 불어나지요.

이번에는 같은 돈을 1년이 아닌 6개월을 약속하고 예금한다고 해봐요. 9월 17일에 예금을 시작했으니 만기는 다음 해 3월 17일입니다. 그럼 이자는 얼마를 받을까요? 이자율은 1년 단위라고 했지요. 예금 기간이 6개월이라면 1년 이자의 절반만 받는 거예요. 만약 18개월을 예금하면 1년 이자의 1.5배를 받습니다.

Q #기간이_정해져_있어서_정기 #만기 #이자 #이자율 #연이율 #1년_단위로 #목돈_굴리기

정기적금

꾸준히 모아
목돈을 만들어야지

목돈이 없는 사람은 조금씩 돈을 모아 목돈을 만들 필요가 있어요. 이런 사람에게 적합한 게 '정기적금'입니다.

적금은 '돈을 쌓는다'는 뜻이므로 정기적금은 1년, 2년처럼 기간을 정해놓고 매달 조금씩 돈을 입금해 모으는 상품이에요. 가령 1만 원, 5만 원, 10만 원 등 본인의 형편에 따라 매달 적금에 넣을 금액을 정할 수 있습니다. 매달 10만 원을 약속했다면 1년 뒤에는 통장에 120만 원, 2년 뒤에는 240만 원이 모입니다. 약속한 만기가 되면 그동안 넣었던 원금과 거기에 붙은 이자까지 함께 돌려받아요.

정기적금은 정해진 날에 월급을 받는 근로자나 용돈을 받는 학생이 돈을 모아 목돈으로 키우는 데 적합한 상품입니다. 그래서 은행에서는 '목돈 모으기 상품'이라고도 표현해요.

정기적금은 이자 계산이 조금 복잡해요. 가령 1년에 1,200만 원을 모으려고 이자율이 3%인 정기적금 상품에 가입한 사람이 있다고 해봐요. 이 사람은 매달 100만 원씩 은행에 돈을 맡깁니다.

1년 후 만기가 됐을 때 이 사람이 받는 이자는 얼마일까요? 원금 1,200만 원에 이자율 3%를 곱해 36만 원이라고 생각하는 사람이 많아요. 이는 잘못된 계산입니다. 은행에 1,200만 원을 한꺼번에 맡기지 않았기 때문이에요.

첫 달에 맡긴 100만 원은 12개월 동안 예금한 것입니다. 하지만 두 번째 달에 맡긴 100만 원은 11개월, 세 번째 달에 맡긴 100만 원은 10개월만 예금한 거예요. 이런 식으로 보면, 마지막 달에 맡긴 100만 원은 겨우 1개월만 예금했어요. 따라서 정기적금 이자는 다음처럼 계산해요.

첫째 달: 100만 원 × 이자율 3% × $\frac{12}{12}$ 년 = 이자 30,000원

둘째 달: 100만 원 × 이자율 3% × $\frac{11}{12}$ 년 = 이자 27,500원

$$\vdots$$

마지막 달: 100만 원 × 이자율 3% × $\frac{1}{12}$ 년 = 이자 2,500원

이자를 모두 합하면 19만 5천 원입니다. 이자율이 같더라도 정기적금에서 받는 이자가 정기예금에서 받는 이자보다 훨씬 적다는 걸 알 수 있어요. 은행에 돈을 맡긴 기간이 짧으니까 이는 당연한 거예요.

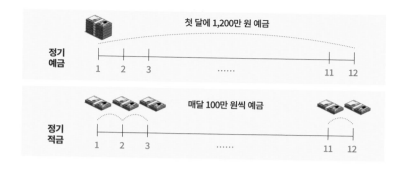

정기예금이든 정기적금이든 가입한 뒤에 급한 사정이 생겨 은행과 약속한 만기를 지키지 못하고 돈을 찾아야 하는 경우가 있어요. 세상일이 계획대로만 돌아가지 않으니까요. 은행에 넣은 돈을 만기 전에 찾을 수 있을까요?

당연히 찾을 수 있어요. 돈을 맡긴 주인이 돌려달라는데 은행이 내주지 않으면 말이 안 되지요. 정기예금이나 정기적금을 만기 전에 '해지'하더라도 그동안 자신이 맡긴 원금은 전액 돌려받아요. 다만 은행과 한 약속을 어기는 거라서 대가가 따라요. 다름아니라 원래 약속한 이자를 다 받지 못하고 매우 적게 받습니다.

단리

원금에 대해서
매년 같은 이자가 붙어요

이자율, 즉 금리는 원금에 대해서 1년 이자가 얼마나 되는지를
비율로 나타낸 거라고 했어요. 금리가 5%라면 원금이 100만 원
일 때 5만 원의 이자가 매년 생겨요. 그런데 예금 상품 설명서를
보면 단리식, 복리식 같은 말이 나와요. 이자를 계산하는 방식을
나타내는 건데, '단리'는 이자를 단순하게 계산하고 '복리'는 이
자를 복잡하게 계산해요. 정확한 차이점을 이해하는 일은 매우
중요하니 이제부터 단리와 복리를 자세히 알아봐요.

  단리는 '맨 처음 맡긴 원금'에 대해서만 금리를 적용해 이자
를 계산하는 방식이에요. 예를 들어 100만 원을 금리 5%인 상품
에 3년 만기로 가입한다면, 매년 이자가 5만 원씩 생겨요.

  첫째 해: 원금 100만 원 × 금리 5% = 이자 5만 원

  둘째 해: 원금 100만 원 × 금리 5% = 이자 5만 원

  셋째 해: 원금 100만 원 × 금리 5% = 이자 5만 원

원금이 일정하므로 단리 방식에 의하면 매년 같은 금액의 이자가 생겨요. 위의 사례에서는 3년 동안 총 이자가 15만 원 생기므로 만기 때 찾는 돈은 원금 100만 원에 이자 15만 원을 더해 115만 원이 됩니다. 만약 10년 만기로 예금한다면 총 이자는 50만 원이에요. 정말로 단순한 이자 계산법이지요?

그런데 오래전 메소포타미아 사람들은 복리 계산법을 생각해냈어요. 이 계산법이 지금까지 이어지고 있으니 대단해요.

100만 원을 맡겼고 첫해에 이자 5만 원이 생겼어요. 여기까지는 단리와 복리에 차이가 없어요. 이제 첫해에 발생한 이자 5만 원을 찾지 않았으니 통장에 고스란히 남아 있잖아요. 그러면 원금이 100만 원이 아니라 105만 원이라고 볼 수 있는 거예요. 그래서 두 번째 해에는 105만 원에 대해서 5%의 이자를 주는 방식이 복리예요.

첫째 해: 원금 100만 원 × 금리 5% = 이자 5만 원
둘째 해: 원금 105만 원 × 금리 5% = 이자 5만 2,500원
셋째 해: 원금 110만 2,500원 × 금리 5% = 이자 5만 5,125원

028

복리의 마법

돈이 눈덩이처럼 불어나고
가지마다 가지를 뻗는 마술

단리가 '맨 처음의 원금'에만 이자를 계산하는 데 비해서, 복리는 '발생한 이자까지 원금에 더해서' 이자를 계산해요. 복리에서는 원금이 이자만큼 계속 불어나는 거예요. 그래서 복리를 '이자에 대한 이자'라고 부르기도 해요.

단리보다는 복리에서 이자를 더 많이 벌 수 있습니다. 따라서 금리가 같다면 이왕이면 복리식이라고 적힌 예금 상품에 가입하는 게 이자를 더 많이 벌 수 있답니다.

그림은 단리와 복리 계산법에 따른 원금과 이자의 합을 비교한 거예요. 단리에는 매년 같은 금액의 이자가 생기므로 통장에 있는 돈이 증가하는 모습이 직선이에요. 반면에 복리에는 매년 이자에 이자가 추가로 붙어 폭발적으로 늘어나요.

이런 식으로 얼마가 지나면 원금보다 이자가 더 많아지는 놀라운 일이 벌어집니다. '배(원금)보다 배꼽(이자)이 더 크다'는 속담은 이런 걸 두고 말하는 거예요. '복리의 마법'이랍니다.

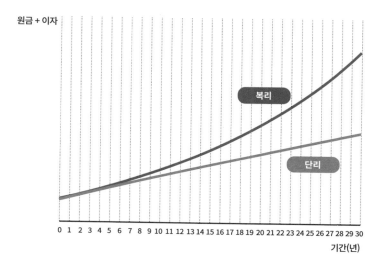

원금 + 이자

복리

단리

0 1 2 3 4 5 6 7 8 9 10 11 12 13 14 15 16 17 18 19 20 21 22 23 24 25 26 27 28 29 30

기간(년)

⬆ 단리와 복리의 비교

그림을 통해 중요한 교훈을 하나 얻을 수 있습니다. 단리에 가입하든 복리에 가입하든 예금하는 기간, 즉 만기까지의 기간이 짧다면 통장에 있는 돈의 차이는 크지 않습니다. 그림에서 3~5년 정도까지는 단리와 복리의 차이가 별로 크지 않음을 알 수 있어요.

예금하는 기간이 길어질수록 복리에서 받는 이자와 단리에서 받는 이자 사이의 차이가 점차 벌어집니다. 수십 년이 지나면 차이가 더 벌어지고요. 복리의 마법이 주는 이득을 누리려면 아주 오래 예금하는 게 중요합니다.

따라서 가능하면 예금을 일찍부터 시작하는 게 좋아요. 가령

30살에 돈을 찾겠다는 목표를 세웠다면 25살부터 예금하기 시작하는 경우 예금 기간이 5년밖에 안 돼요. 20살부터 예금하기 시작하면 10년이지요. 만약 15살에 예금하기 시작하면 15년이나 예금할 수 있어 복리에 의한 이자를 훨씬 많이 얻을 수 있습니다.

예금하는 돈이 많으면 더 좋겠지만, 적어도 상관없어요. 복리의 마법을 누리려면 오랫동안 예금하는 게 중요하니까요. 차일피일 예금을 미루는 습관은 들어올 이자를 자기 발로 걷어차는 꼴입니다.

대출에도 복리가 적용돼요. 돈을 빌리고 이자를 갚지 못하면 이자에 이자가 붙어 갚아야 할 전체 대출금이 눈덩이처럼 불어나요. 은행은 대출 이자를 많이 받아 좋을지라도 돈을 빌린 사람으로서는 재앙이지요. 부득이 돈을 빌린다면 반드시 약속한 기일 안에 이자와 원금을 갚아야 해요.

Q #이자를_복잡하게_계산해 #이자에_대한_이자 #복리식 #복리의_마법 #대출에도_복리가_적용돼

029

이자소득세
이자를 벌었으면
세금을 내야 해

지금까지 원금 100만 원에 금리가 5%인 정기예금에 가입하면 1년 후에는 이자 5만 원을 합해 원금과 이자의 합이 105만 원이 된다고 말했어요. 그런데 이건 이자율이 무엇이며 이자 계산을 어떻게 하는지를 설명하기 위해 사실을 간단하게 말한 거예요. 실상은 통장에 더해지는 이자는 5만 원보다 적습니다. 지금부터 그 이유를 설명하려고 합니다.

이자가 5만 원 발생하는 건 맞아요. 하지만 예금주가 손에 쥐는 이자는 이보다 적어요. 정부가 세금을 징수하기 때문이에요. 세금이 무엇이며, 정부가 왜 세금을 걷고, 국민은 왜 납세의 의무를 지는지는 여기에서 설명하지 않아도 이미 잘 알고 있을 거라 믿어요.

예금에서 발생하는 이자는 예금주가 버는 소득이에요. 정확히는 소득의 종류 가운데 재산소득에 해당한다고 앞에서 설명한 내용을 기억하고 있을 거예요.

소득을 벌었으니 당연히 그에 합당한 세금을 내는 거예요. 세금의 기본 원칙 가운데 하나가 '소득이 있으면 세금을 낸다!'랍니다.

이자 소득 금액에 적용되는 세율은 15.4%에요. 총 5만 원의 이자를 벌었다면 그 가운데 15.4%인 7,700원을 세금으로 내고, 예금주가 세금 낸 후에 손에 쥐는 이자는 42,300원이 됩니다.

세금 = 이자 5만 원 × 세율 15.4% = 7,700원

세금 낸 후의 이자 = 이자 5만 원 - 세금 7,700원 = 42,300원

예금주는 이자 소득세를 언제 어떻게 어디에 내야 하는지 전혀 신경 쓰지 않아도 됩니다. 이자를 지급하는 은행이 이자에서 세금을 제외하고 남은 금액만 통장(계좌)에 넣어주기 때문입니다. 은행은 이렇게 떼어놓은 세금을 예금주를 대신해 정부에 냅니다.

이자에 대한 세금은 어느 예금 상품에 가입하든지 마찬가지입니다. 정기예금이나 정기적금에서 얻는 이자에 대해서도, 이자가 거의 없는 보통예금의 경우에도 발생한 이자의 15.4%를 세금으로 내야 해요.

🔍 #소득이_있으면_세금을_낸다 #이자소득에_대한_세금 #은행에서_낼_거야 #과세 #비과세

다만 정부는 특별한 사람 또는 특별한 상품에 대해서 이자를 받지 않고 있어요. 이런 상품을 '비과세 상품'이라고 해요. 사람들이 재산을 모으는 데 조금이라도 도움을 주기 위함이지요. 하지만 가입 조건이나 가입 대상이 까다로워 비과세 혜택을 보는 사람은 많지 않은 편이에요. 만 65세 이상, 장애인 등이 비과세 혜택을 누릴 수 있어요.

소득이 있는 곳에 세금이 있다는 것은 당연한 원칙이에요. 어떤 일을 통해 얻은 소득이든지 관계없이, 모든 소득은 동일하게 취급되어 세금을 내는 게 공평하다는 거죠. 그래서 회사에서 일하는 근로자는 버는 소득에 대해서 근로소득세를 내고, 자영업자가 소득을 벌면 사업소득세를 내야 해요. 부동산을 팔아 양도 차익을 얻은 사람은 양도소득세라는 것을 내지요.

030

저축 비법 3S

나는 왜 저축을 잘 못할까?

소득이 생기면, 소비하지 않고 남은 부분을 저축할 수 있습니다. 은행에 예금하거나 주식 등에 투자해서 재산을 늘리는 데 쓸 수 있어요.

돈 관리를 잘해서 인생을 즐겁고 편안하게 살려면 바람직한 습관을 지녀야 해요. 예산을 세워 계획에 맞춰 지출하는 일, 가성비를 따져 소비할 물건을 선택하는 일 등이지요. 심지어 부자 되는 것도 습관이라고 말했어요.

저축에도 좋은 습관이 있어요. 좋은 저축 습관을 들인다는 게 말처럼 쉽지 않아요. 많은 사람이 얼마의 기간에 얼마를 모으겠다는 목표를 세우지만, 목표를 달성한 사람은 많지 않습니다. 대개는 소비의 지름신이 강림해서 저축 계획이 보기 좋게 무너지고 맙니다.

저축을 늘리는 데 도움 되는 세 가지 방법을 소개할게요. 영어로 '3S'를 실천하는 거예요.

첫 번째 S는 저축 목표를 한 가지(Single)로 정하는 거예요. 무리한 욕심에 이것저것 저축 목표를 많이 세우는 사람이 있어요. 그러나 목표가 많은 사람일수록 저축하는 돈이 오히려 줄어든다는 놀라운 사실이 밝혀졌습니다. 목표를 여러 개 또는 무리하게 많이 세우는 건 과욕이며, 목표 달성이 힘들어져 도중에 포기하는 경향이 있어서랍니다. 목표가 하나일 때 돈을 모으겠다는 동기가 뚜렷해지고 덕분에 저축도 많이 해서 목표를 달성하게 됩니다.

두 번째 S는 저축 목표 액수를 분명(Specific)하게 정하는 거예요. 막연하게 '몇십만 원' 또는 '몇백만 원'을 모으겠다는 목표를 세우면 목표 금액이 분명하지 않아서 도중에 기분에 따라 내키는 대로 소비하기 쉬워요. 그 대신에 목표 금액을 구체적으로 정하면, 목표 의식이 뚜렷해지고 목표액에 가까워질수록 돈을 모을 수 있다는 자신감이 생깁니다.

세 번째 S는 자기 통제(Self-control)를 위한 적절한 수단을 만드는 거예요. 그리스 신화 속 오디세우스가 사용한 방법입니다. 오디세우스는 항해를 마치고 집으로 가는 길에 세이렌(사이렌)의 노래 유혹을 이겨내려고 부하들에게 자기 몸을 돛대에 결박하고 절대로 풀지 말라고 지시했어요. 여기에서 유래한 말이 '자기 통제' 또는 '자기 속박'이랍니다. 자기를 철저하게 통제한 덕분에 오디세우스는 집에 도착할 수 있었습니다.

예를 들어 게임기를 사는 목표를 세웠다면 게임기 사진을 책상 위에 붙여놓는 거예요. 다른 것을 사려는 충동이 생기다가도 게임기 사진을 보는 순간 마음을 고쳐먹습니다. 자신에게 가장 효과적인 자기 통제 수단이 무엇인지는 본인이 제일 잘 알 거예요.

#부자_습관 #저축_습관 #목표 #액수 #자기_통제 #나를_속박할_수_있는_것 #인내

031

예금 취급 기관
돈이 없어 문제지,
돈을 맡길 곳은 많네

전국에 영업점을 두고 있는 일반은행이든, 지방에 근거지를 두는 지방은행이든 개인은 각자에게 편리한 은행과 거래하며 자유롭게 예금할 수 있어요. 그런데 알고 보면 우리나라에는 이들 은행 말고도 개인이 예금할 수 있는 곳이 더 많이 있답니다. '예금 취급 기관'으로 어떤 곳이 있는지 알아봐요.

　농협(농업협동조합), 수협(수산업협동조합), 축협(축산업협동조합)이라는 이름을 들어본 적이 있나요? 이런 금융회사를 통틀어 '협동조합'이라 불러요. 개인이 예금하거나 대출을 받을 수 있죠. 이 가운데 규모가 제일 큰 곳인 농협은 '농협은행'을, 수협은 '수협은행'을 설립해 은행 업무를 본격적으로 하고 있어요. 신협(신용협동조합)이라는 곳도 협동조합 형태로 운영하는 금융회사로, 개인의 예금을 받습니다. 신협은 직장이나 단체에 속해 있는 누구나 100명 이상이 뜻을 모으면 만들 수 있어요. '새마을금고'라는 금융회사에도 개인이 예금할 수 있습니다. 보통 동네 단위의 작은 규모로 설립돼 있고, 누구나 조합원으로 가입할 수 있으며 조합원이 되면 예금도 하고 대출도 받을 수 있어요.

'상호저축은행'도 개인이 예금할 수 있는 금융회사입니다. 줄여서 그냥 저축은행이라고 부르는 경우가 많아요. 주로 서민과 소규모 기업을 대상으로 영업합니다. 앞에서 이야기한 일반은행과 비교하면, 상호저축은행의 규모는 훨씬 작고 영업점 수도 몇 개밖에 되지 않아요. 따라서 영업점을 방문하기 불편하다는 단점이 있지만, 일반은행보다 이자를 많이 주고 대출도 다소 간편하게 받을 수 있다는 장점이 있어요.

마지막으로 우체국에도 예금할 수 있습니다. 우체국은 우편 업무를 하는 곳이라고만 생각하기 쉬운데, 은행이나 보험 등 금융 업무도 함께하고 있어요. 인구가 많지 않은 시골이나 섬 지역에는 일반은행이 채산성이 낮아 영업점을 개설하지 않는데, 이런 지역의 주민들에게 우체국이 대신 은행 역할을 하고 있답니다.

개인이 자금을 맡길 금융회사의 종류가 참 많죠? 일반은행보다 나은 조건으로 예금할 수도 있고요. 이런 사실을 몰라 나쁜 조건으로 예금한다면 억울하겠죠. 알고도 이용하지 않는다면 상관없지만, 몰라서 이용하지 못한다면 억울한 일일 겁니다.

Q   #예금을_취급해 #협동조합 #저축은행 #우체국 #예금 #보험 #금융 #채산성 #조건을_보자

032

뱅크런
사람들이 은행에 뛰어가는 이유는?

은행은 예금주가 맡긴 돈을 금고에 고이 보관하지 않아요. 대부분을 돈이 필요한 사람이나 기업에 대출해줍니다. 예금 이자를 주려면 대출 이자를 벌어야 하거든요. 이는 상호저축은행, 협동조합, 새마을금고 등 예금을 받는 금융회사 모두 마찬가지예요.

대출자가 돈과 대출 이자를 제때 잘 갚는다면 문제가 생기지 않습니다. 금융이 제 기능을 원활하게 잘하는 거죠. 그런데 만약 빌린 돈을 갚지 못하는 사람이 상당히 많아지면 문제가 돼요. 대출해준 돈의 상당 부분을 돌려받지 못한다면, 은행이 부실해지고 예금주에게 원금과 이자를 돌려주는 데 문제가 생기겠지요.

만약에 여러분이 돈을 맡긴 은행이 이런 상태에 빠진다면, 여러분은 아마 만사 제쳐놓고 은행으로 달려갈 거예요. 남들보다 먼저 예금을 해지해서 자신의 돈을 확보하려 할 겁니다. 예금주들이 저마다 본인의 예금을 먼저 찾으려고 은행으로 급히 뛰어가는 현상을 '뱅크런'bank run이라고 합니다. '은행'과 '달린다'는 영어 단어를 합쳐 만든 합성어예요.

뱅크런은 흔하게 발생하지 않아요. 그렇다고 전혀 발생하지 않는 일도 아니랍니다. 세계 대공황 때 미국에서 대규모 뱅크런이 나타나 많은 예금주가 피해를 봤어요. 우리나라에도 뱅크런이 있었어요. 2011년, 일부 저축은행에 뱅크런 현상이 나타났답니다. 당시 여러 저축은행이 대출해준 돈의 상당 부분을 회수하지 못하는 사태가 벌어졌어요. 이 소식이 전해지자 예금주들이 뱅크런하기 시작했고, 결국 여러 저축은행이 파산하고 말았지요.

별다른 문제가 없는 은행조차 부실해질지 모른다는 '소문' 때문에 겁이 난 예금주들이 뱅크런을 시작하면 일이 커집니다. 처음에는 소문을 믿지 않던 예금주들까지도 "혹시나" 하는 두려움에 돈을 찾으러 은행에 몰려들기 때문이지요.

은행은 예금으로 받은 돈 대부분을 대출해주니 금고에 돈이 많지 않아요. 따라서 많은 예금주가 한꺼번에 지급을 요구하면 지급하지 못하는 사태가 발생할 수 있어요. 단순한 소문 때문에 뱅크런이 발생하면 멀쩡한 은행을 어려움에 빠트릴 수 있다는 말이죠. 은행이 평소 영업을 잘해 믿음을 준다면 사람들이 근거 없는 소문에 흔들려 어리석은 행동을 하지 않겠지요.

🔍 #은행으로_뛰어가 #뱅크 #런 #내_돈 #대공황 #저축은행 #파산 #지급 #신뢰 #믿음

033

예금자 보호 제도

안심하고 예금해도 좋아요

뱅크런이 자주 발생한다면 사람들은 불안해져 은행에 예금하지 않으려 할 겁니다. 이자를 벌거나 돈을 모아보려고 은행에 예금 하는 건데, 맡긴 돈을 돌려받지 못한다면 아무 소용이 없기 때문 이지요. 사람들이 은행에 예금하지 않으면 은행에 돈이 모이지 않으니 대출도 어렵습니다. 돈이 필요한 사람이나 기업이 경제활 동을 제대로 하지 못해 경제가 어려움에 빠질 거예요. 이를 예방 하고자 정부는 두 가지 제도를 만들었어요. 사람들의 불안감을 해소하고 뱅크런을 예방하기 위한 이중 장치를 마련한 거예요.

첫 번째로 중앙은행이 은행의 은행 역할을 하도록 했어요. 이 것은 앞에서도 말한 적이 있으니 기억하고 있을 거예요. 은행이 일시적으로 돈이 부족해 돈을 내주기 어렵게 되면 중앙은행이 긴 급하게 은행에 돈을 빌려주는 거예요. 돈을 만들어내는 중앙은행 이 은행의 뒤를 봐준다니, 예금을 돌려받지 못할 것이라는 불안 감이 봄눈 녹듯이 사라지는 걸 느끼겠지요?

두 번째로 '예금자 보호 제도'를 만들었어요. 만약 은행이 파산해 예금을 돌려주지 못할 경우가 생기면 정부가 만든 '예금보험공사'라는 곳이 해당 예금을 대신 지급해주는 제도입니다. 설령 은행이 예금을 지급해주지 못해도 정부가 책임지고 대신 지급해준다니 안심이 되지요. 예금보험공사는 일종의 보험회사로, 평소에 은행으로부터 보험료를 받아 기금을 모아둡니다. 그러다가 부실한 은행이 생기면, 모아둔 돈으로 예금을 대신 지급해줘요.

이처럼 이중 장치를 마련해놓았으니 우리가 예금한 돈은 안전하게 돌려받을 수 있다는 안도감이 들어요. 설령 은행에 관한 불안한 소문이 돌더라도 굳이 뱅크런할 필요 없어요. 정부가 예금을 대신 돌려주니까요.

예금자 보호 제도를 처음 도입한 곳은 미국이에요. 세계 대공황 시기에 수많은 미국 기업이 연이어 파산하자 대출금을 회수하지 못한 은행들이 커다란 손실을 봤어요. 당연히 경영난에 처한 은행들이 속출했고요. 그러자 미국인들이 너도나도 뱅크런을 했고 은행들이 대혼란에 빠졌답니다. 이에 미국 정부가 예금자 보호 제도를 도입했어요. 정부가 책임지고 예금을 내주겠다고 약속하며 국민을 안심시킨 거예요. 덕분에 뱅크런 현상이 사라지고 미국 은행들이 제 기능을 회복했답니다.

🔍 #중앙은행이_지켜줄_거야 #예금자를_보호해 #보험 #순기능 #기금 #안전 #미국 #정부_책임

034

예금 보호 한도
내 돈은 내가 지켜야지

앞에서 얘기한 예금자 보호 제도를 읽으면서 혹시 이런 궁금증이 들지 않았나요? 예금자 보호 제도가 있었는데, 왜 2011년에 뱅크 런이 일어났을까요? 뱅크런을 하지 않아도 정부가 예금을 지급 해주는데 말이에요. 그 이유는 예금주들이 이 제도를 알지 못했 거나 알았더라도 정부의 말을 믿지 못했기 때문이에요. 아니면 돈을 당장 찾아서 손에 쥐는 게 더 안심되겠다고 생각한 사람들 도 있었겠죠. 이 외에 저축은행에 예금한 돈이 5천만 원을 넘는 사람들도 뱅크런 대열에 동참했어요. 그 이유를 이해하려면 예금 자 보호 제도의 핵심 내용 몇 가지를 알아야 합니다.

첫째, 예금 보호에는 한도가 있어요. 무한정 보호해주는 게 아니랍니다. 우리나라는 1인당 5천만 원까지 보호해줘요. 예금 보호 한도가 5천만 원이란 뜻이죠. 만약 7천만 원을 예금해놓은 은행이 파산하면, 예금보험공사가 5천만 원을 지급하고 초과분 2천만 원은 예금주가 손해를 봐야 합니다. 그러니 5천만 원 넘게 예금한 사람들은 은행이 영업정지 당하기 전에 자신의 예금을 전부 찾으려고 뱅크런을 했던 겁니다.

둘째, 1인당 5천만 원이라는 한도는 개인별, 은행별로 적용돼요. 예를 들어 A 은행에 3명의 가족이 각자 5천만 원씩 예금했는데, 이 은행이 파산하면 3명 모두 5천만 원씩 보호받아요. 그리고 A 은행에 5천만 원, B 은행에 5천만 원 예금한 사람도 두 은행이 모두 파산하더라도 다 보호받습니다. 참고로 같은 은행의 여러 영업점에 나눠 예금한 사람은 하나의 은행과 거래한 것이므로 영업점 예금액을 모두 더해 5천만 원까지만 보호받아요. 그러니 예금할 돈이 5천만 원보다 많다면 여러 은행에 나눠 예금해서 예금 보호를 받을 필요가 있습니다.

셋째, 예금자 보호 대상이 무엇인지를 알아야 해요. 은행과 거래했다고 모든 돈이 다 보호되지는 않아요. '예금자'를 보호하자는 취지이므로 '예금' 성격의 돈만 보호됩니다. 보통예금, 정기예금, 정기적금 등은 보호 대상이에요. 예금자 보호가 되는 돈은 통장에 예금자 보호 대상이라는 문구가 인쇄돼 있어요. 가지고 있는 통장을 한 번 확인해보세요. 반면 주식, 채권을 사려고 넣은 돈은 보호받지 못해요. '예금' 목적이 아닌 '투자' 목적으로 넣은 돈이라서요. 투자에 대해서는 뒤에서 자세히 알아볼게요.

Q #예금자_보호 #예금 #5천만_원까지_보호 #개인별 #은행별 #보호_대상 #통장 #목적

035

물가

가격과 물가가
어떻게 달라요?

한 나라에서 거래되는 상품의 수는 셀 수 없을 정도로 많아요. 상품마다 시장 상황이 서로 다르므로 가격이 다르게 움직이는 게 당연해요. 어떤 상품의 가격은 크게 오르고 어떤 상품은 가격이 조금 올라요. 그 와중에 가격이 내리는 상품도 있고요.

이처럼 다양하게 변화하는 상품들의 가격을 전문가들이 작업해서 하나로 종합한 게 '물가'입니다. 가격들의 평균값을 구한 거라고 보면 돼요.

물가는 학급의 평균 성적에 비유할 수 있어요. 학생 한 명의 점수가 가격이라면, 학급의 평균 점수가 물가에 해당합니다. 시험에서 모든 학생의 성적이 똑같이 좋아지거나 똑같이 나빠지지는 않아요. 성적이 오른 학생이 있는 반면에 성적이 내린 학생이 나와요.

단지 학생 몇 명의 시험점수가 올랐다고 학급의 평균 점수도 오를 거라고 단정할 순 없어요. 시험을 망친 학생도 있을 테니까

요. 시험점수가 오른 학생보다 내린 학생이 더 많다면 학급의 평균 점수는 내려갈 겁니다.

　물가도 마찬가지예요. 단지 몇 개 상품의 가격이 올랐다고 해서 물가가 오르는 건 아니라는 뜻입니다. 단지 몇 개 상품의 가격이 내렸다고 해서 물가가 내린다는 보장도 없고요.

　상품의 가격이 두루 오를 때 물가가 오릅니다. 가격이 내린 상품이 일부 있더라도, 가격이 오른 상품이 훨씬 더 많으면 물가가 오르는 거지요. 설령 내가 산 물건의 가격이 올랐어도 물가는 내릴 수 있어요.

　그렇다면 우리나라의 물가가 올랐는지 아니면 내렸는지, 그리고 올랐다면 얼마나 올랐는지를 어떻게 파악할 수 있을까요? 무엇을 가지고 물가의 변동을 재고 있을까요?

　'물가 지수'는 바로 이러한 목적으로 작성합니다. 물가 지수에는 여러 종류가 있어요. 그중에서도 제일 널리 쓰이고 사람들에게 가장 친숙한 게 '소비자 물가 지수'입니다. 소비자들이 주로 구매하는 상품들의 가격을 일일이 조사해서 작업을 거쳐 하나의 숫자로 만들어낸 거예요.

예를 들어, 이번 달에 측정한 소비자 물가 지수가 103이라고 해봐요. 꼭 1년 전에 측정한 소비자 물가 지수가 100이라면, 지난 일 년 동안 물가가 3% 올랐음을 알 수 있어요. '물가 상승률'이 3%라는 뜻이지요.

물가가 3% 오르면 같은 상품들을 사기 위해서 소비자들이 내야 할 돈도 3%나 많아집니다. 즉, 물가가 오르면 소비자의 부담이 커져요. 소비자들이나 정부가 물가에 관심을 두는 이유가 여기에 있습니다.

#가격과_물가 #가격들의_평균값 #물가_지수 #소비자_물가_지수 #물가_상승률 #부담

036

인플레이션

열심히 일하는 사람들을 가난하게 만들어요

한 나라의 물가가 꾸준히 오르는 현상을 '인플레이션'inflation이라고 부릅니다. 다시 말하면, 물가 상승률이 0%보다 큰 상태가 오래 유지될 경우 인플레이션이 일어나고 있다고 보는 거예요.

인플레이션이 전혀 없는 경제, 그러니까 물가 상승률이 계속 0%를 유지하는 세상은 비현실적입니다. 지금껏 이런 모습을 보인 나라는 한 곳도 없었어요. 대개 물가는 조금씩 조금씩 오르는 경향이 있어요.

인플레이션만큼 사람들이 관심을 두는 경제 지표는 없을 거예요. 경제 전문가들도 인플레이션에 매우 예민하게 반응해요. 인플레이션이 모든 국민의 경제생활에 커다란 영향을 주기 때문이에요. 어떤 영향을 줄까요?

물가가 올라 인플레이션이 발생하면 같은 소득을 가지고 살수 있는 물건의 양이 줄어들어요. 이를 다르게 말하면, 이전과 같은 양의 물건을 사는 데 돈이 더 많이 필요해져요. 돈의 가치가 떨어졌다는 뜻이지요.

사람들이 이전과 같은 생활 수준을 유지하려면 물가가 오른 만큼 소득이 늘어나야 합니다. 하지만 소득은 그렇게 쉽게 늘어나지 않아요. 따라서 인플레이션이 발생하면 사람들의 생활 형편이 나빠지게 됩니다.

특히 월급에 의존해서 사는 근로자들이 영향을 많이 받아요. 비록 월급이 매년 어느 정도씩 오르지만, 일반적으로 물가가 오르는 속도를 따라가지 못하므로 생활이 어려워집니다.

반면 부동산, 금 같은 재산을 많이 보유한 사람들이 입는 타격은 상대적으로 덜합니다. 부동산 가격이 물가 상승보다 더 많이 오르는 경향이 있어서이지요. 재산의 가치가 많이 오른 덕분에 돈의 가치가 하락해 겪는 피해를 이겨낼 여력이 있어요. 이들은 어떤 상황에서는 인플레이션으로 오히려 이익을 얻기도 해요.

이처럼 인플레이션은 사회 구성원 사이의 불평등을 심화합니다. 이런 일을 반복해서 겪다 보면 사람들은 너도나도 부동산 투자에 매달리게 돼요. 모든 나라가 인플레이션을 억제하려고 노력하는 이유가 여기에 있어요. 인플레이션을 잡는 일에서 선봉장 역할을 하는 곳은 각국의 중앙은행이에요. 우리나라도 '한국은행법 제1조 ①'을 통해 설립 목적을 다음처럼 명시하고 있을 정도

🔍 #물가_상승_유지 #소득 #생활_수준 #돈의_가치 #불평등 #하이퍼인플레이션 #베네수엘라

니, 한국은행이 인플레이션을 잡고 물가를 안정시키는 데 얼마나 무게를 두고 있는지 짐작하고도 남습니다.

"이 법은 한국은행을 설립하고 효율적인 통화신용정책의 수립과 집행을 통하여 물가 안정을 도모함으로써 국민경제의 건전한 발전에 이바지함을 목적으로 한다."

참고로 물가가 엄청나게 폭등하는 현상을 '하이퍼인플레이션'hyperinflation이라고 불러요. 2010년대 후반 베네수엘라에 하이퍼인플레이션이 나타났어요. 물가가 1년에 1만% 넘게 올라 국민의 생활이 피폐해졌답니다.

물가는 모든 국민의 경제생활에 영향을 미치므로 뉴스에도 단골 메뉴로 등장합니다. 그래서인지 '○○플레이션'이라는 신조어가 계속 생겨나고 있어요. 예를 들어볼게요. 애그플레이션이란 말을 들어본 적 있나요? 농업agriculture과 인플레이션의 합성어로서, 농산물 가격이 급등해서 초래되는 인플레이션을 부르는 말이에요. 에코플레이션은 환경ecology과 인플레이션의 합성어입니다. 온실가스 감축, 지구 온난화 방지, 환경보호 등 기업이 지켜야 할 환경 기준이 강화돼 제품 생산비가 비싸지면서 나타나는 인플레이션을 표현하는 말이에요. 런치플레이션은 직장인의 점심lunch값 부담이 부쩍 커졌음을, 베케플레이션은 휴가vacation 또는 여행 비용이 커졌음을 나타내는 신조어입니다.

037

디플레이션

저렴한 물건마저도
그림의 떡이 되는 세상

대개 물가는 오르는 경향이 있으며 인플레이션은 경제에 여러 문제를 초래해요. 그렇다면 반대로 물가가 내리면 경제가 좋아질 거란 생각이 들겠지요? 한국은행이 내세우는 목표가 '물가 하락'일까요? 이는 매우 단순하고 잘못된 생각입니다. 왜 그런지 알아봅시다.

물가가 꾸준히 내리는 현상, 즉 인플레이션과 반대되는 현상을 '디플레이션'deflation이라고 해요. 물가 상승률이 음수가 되는 거예요. 디플레이션이 발생하면 값이 내려가는 상품들이 많이 있다는 뜻입니다. 햄버거값도 떡볶이값도 옷값도 내려갑니다. 같은 용돈을 가지고 먹을 수 있는 음식의 양이 늘어나니 돈의 가치가 올라가는 거지요. 마치 부자가 된 듯해요. 그래서 디플레이션을 좋은 현상으로 착각할 수 있어요.

하지만 물건값이 왜 내려가는지를 생각해보면 디플레이션이 좋은 현상이 아닌 이유를 알게 됩니다. 물건값이 내려가는 이유는 물건을 사려는 수요가 적기 때문이에요. 물건이 잘 안 팔리니 할 수 없이 기업이 물건값을 내리는 거지요.

그런데 물건값이 내려가면 사람들이 물건을 사야 하는데, 디플레이션 세상에서는 꼭 그렇지도 않아요. 사람들은 앞으로도 물건값이 더 내려갈 것으로 생각하기 때문이에요. 나중에 소비할수록 더 싼 값에 물건을 살 수 있다고 생각하는 거죠. 그러니 물건값이 내려가도 좀처럼 팔리지 않고 창고에는 팔리지 않은 물건들, 즉 재고가 쌓여갑니다. 기업은 어쩔 수 없이 생산량을 줄이겠지요. 생산량이 줄어드니 일할 근로자를 해고하든지 아니면 월급을 줄입니다.

실업자가 많아지고 취업자라고 해도 월급이 줄어드니 소비할 돈이 줄어들어요. 경기가 더 나빠진다는 뜻이에요. 이처럼 나쁜 상황이 계속 반복될 때 나타나는 게 디플레이션 현상이랍니다.

디플레이션 세상에서는 돈의 가치가 오르는 게 맞아요. 같은 돈으로 물건을 더 많이 살 수 있는 것도 맞고요. 그러면 뭐 해요? 그 물건을 살 수 있는 소득 자체가 크게 줄어들거나 아니면 실업자가 돼 소득이 없는 사람이 많아지는데요. 싼 물건이 그림의 떡인 거지요.

돈의 가치가 오르더라도 버는 돈이 크게 줄어든 탓에 실은 가

#재고 #생산량_감소 #노동자_해고 #소비할_돈이_부족해 #경제의_대재앙 #스태그플레이션

난해지는 거예요. 이게 디플레이션입니다. 이런 세상을 원하나요? 아마 그렇지 않을 거예요. 경제학자들도 디플레이션은 인플레이션보다 더 나쁜 상태라고 말해요. 어떤 사람은 '경제의 대재앙'이라고까지 말한답니다.

1950년대부터 빠르게 성장하던 일본 경제가 1980년대 들어와 고성장을 멈췄어요. 경기가 곤두박질치더니 경기가 10년 훨씬 넘게 침체했어요. 일본의 물가가 내려가 디플레이션이 나타났어요. 하지만 웃는 사람은 없었답니다. 일본 근로자들의 월급도 깎여 생활이 더 어려워진 탓이에요.

이처럼 디플레이션은 무섭습니다. 그리고 한 번 디플레이션에 빠지면 이에서 좀처럼 벗어나기 힘들어요.

물가가 오르면 인플레이션, 물가가 내리면 디플레이션이라고 합니다. '스태그플레이션'stagflation이라는 현상도 있어요. 경기 침체stagnation와 인플레이션inflation을 합친 영어 합성어입니다. 경기가 침체이면서도 물가는 오르는 특이한 현상을 말해요. 경제에 나쁜 소식이 한꺼번에 모두 나타나는 것이죠. 물론 스태그플레이션은 자주 나타나지는 않아요. 1979년에 중동에서 전쟁이 발발하면서 석유값이 폭등한 적이 있어요. 석유에 대한 의존도가 높았던 탓에 온갖 물건값이 치솟았고 경기는 고꾸라졌어요. 이때 세계 경제에 스태그플레이션이라는 현상이 처음 나타났답니다.

038

명목 금리

왜 허울 좋은 금리일까?

이자율에 관한 설명을 잘 기억하고 있을 거예요. 금리라고도 부른다고 했고요. 한 글자라도 줄이려고 그리고 많은 사람이 쓰고 있는 대로 지금부터는 금리라고 말할 거예요. 바로 앞에서는 인플레이션에 대해서도 알아봤어요.

그러면 이제 금리를 명목 금리와 실질 금리로 구분할 차례입니다. 그리고 명목 금리와 실질 금리 가운데 어떤 것에 더 신경 써야 하는지도 생각해볼 거예요.

먼저 명목 금리부터 얘기할게요. 아니 사실은 얘기할 게 없어요. 지금까지 이 책에서 얘기한 금리(이자율)가 모두 명목 금리였으니까요. 정확하게 말하면 '명목 금리'인데, 앞에 '명목'이라는 글자를 빼고 그냥 금리라고 불렀던 거예요.

은행의 예금 통장에 적혀 있는 금리, 은행 앞의 포스터나 현수막에 큰 글씨로 홍보하고 있는 금리, 사람들이 대화할 때 말하는 금리 등등 이런 것들이 모두 명목 금리랍니다. 명목상의 금리라는 뜻이에요.

예를 하나 들어볼게요. 작년에 100만 원으로 제주도 여행을 갈까 고민하다가, 미루고 100만 원을 은행에 예금했어요. 명목 금리가 5%여서 1년이 지난 올해 5만 원의 이자를 받았습니다. 원금까지 합하면 105만 원이 됐어요.

그런데 1년 사이에 물가가 10% 올랐다고 해봐요. 작년에는 100만 원이면 갈 수 있었던 제주도 여행이 올해는 110만 원으로 비싸졌지요.

작년에 예금하지 않았다면 100만 원을 가지고 제주도 여행을 다녀올 수 있었어요. 그런데 여행 대신에 저축을 선택한 탓에 올해는 105만 원으로 제주도 여행을 갈 수 없게 됐어요. 분명히 금리가 5%여서 이자를 5만 원이나 받았음에도 손해를 본 셈입니다.

물가가 오르는 세상에서, 명목 금리만 들여다봐서는 안 된다는 뜻이에요. 명목 금리에 현혹당하면 안 돼요. 눈앞에 이자가 생긴다고 무조건 좋아해서는 곤란합니다.

이와 비슷한 사례로 '명목 임금'이란 게 있어요. 쉽게 이야기하면 명목 월급이라고 보면 됩니다. 부모님이 다니는 회사에서 명목 임금을 3% 올려줬다고 해서 여러분 가정이 3%만큼 부자가 되고 풍요로워지는 게 아니랍니다. 왜 그럴까요?

그렇습니다. 물가도 올랐기 때문입니다. 만약에 물가가 명목 임금보다 더 많이 올랐다면 여러분 가정의 생활은 오히려 어려워집니다. 그래서 명목 임금만 봐서는 안 돼요. 여기서 '명목'은 그냥 겉으로 내세우는 허울 좋은 가치일 뿐이에요.

#겉으로_내세우는_금리 #명목_임금 #금리 #이자율 #눈에_보이는_것만_생각하면_안_돼

⦿39

실질 금리

눈여겨봐야 할 진짜 금리

물가가 오르는 상황에서 명목 금리만 봐서는 안 된다면 무엇을 봐야 할까요? '실질 금리'(실질 이자율)를 봐야 합니다.

실질 금리를 구하는 방법은 매우 간단해요. 명목 금리에 따라 받는 이자의 가치가 물가 상승만큼 줄어든다는 논리를 이용하면, 다음처럼 계산할 수 있어요.

실질 금리 = 명목 금리 - 물가 상승률

실질 금리는 명목 금리에서 물가 상승률을 뺀 값입니다. 인플레이션으로 인해 줄어드는 돈의 가치를 빼줌으로써 이자의 실질적인 가치를 구하는 거예요.

이제 명목 금리와 실질 금리의 차이를 이해할 수 있을 거예요. 명목 금리는 인플레이션(물가 상승)을 조정하지 않은 상태의 금리이며, 실질 금리는 인플레이션을 조정한 이후의 금리입니다.

은행에 100만 원을 예금하고 이자로 5% 받으면 명목 금리가 5%입니다. 그런데 1년 동안 물가가 2% 올랐다면 실질 금리는 3%(=5-2)입니다. 이자로 5만 원을 받았더라도 이자로 살 수 있는 물건의 양(이를 구매력이라고 함)을 고려하면 실질적으로는 3만 원만 받은 셈이라는 뜻이지요.

그래도 실질 금리가 0보다 크다면 다행이에요. 이자의 실질적인 가치가 늘어났으니까요. 실질 금리가 음수가 될 수도 있어요.

앞에서 본 제주도 여행 사례에서처럼, 명목 금리가 5%인데 물가 상승률이 10%라면 실질 금리는 -5%(=5-10)가 됩니다. 실질 금리가 0보다 작다는 말은 은행에 예금했더니 결국 손해 본 꼴이 됐다는 거지요. 이자의 구매력이 줄었기 때문에 제주도 여행을 갈 수 없게 된 겁니다.

실질 금리가 0보다 작은 일이 정말 벌어질까요? 가끔 벌어집니다. 물가가 갑자기 많이 오르는 시기에 이런 일이 나타나요.

만약에 실질 금리가 마이너스 값을 가질 것으로 보이면, 은행에 돈을 예금하는 일을 다시 한번 생각할 필요가 있습니다. 그 돈으로 주식이나 부동산이나 금에 투자하면 물가 상승률 이상으로 수익을 올릴 수 있는지 따져본 뒤, 돈을 어디에 굴릴 건지를 결정

🔍 #실질적인_이자율 #물가_상승률_고려 #마이너스 #플러스 #0보다_커 #계산에_따른_이자

해야 합니다.

혹시 오해할까 봐 강조합니다. 실질 금리가 마이너스라고 해서 은행에 예금하면 이자도 주지 않고 원금이 줄어든다는 말은 절대 아니에요. 명목 금리는 0보다 크고 이자 계산은 명목 금리에 따라 하므로 이자를 받아요. 다만 원금과 받은 이자를 합해 봤자, 돈의 가치가 떨어져 살 수 있는 물건의 양이 줄어든다는 뜻입니다.

돈의 가치 하락 = 구매력 하락 = 살 수 있는 물건의 양 감소

혹시 '마이너스 금리'라는 말을 들어본 적 있나요? 금리는 보통 양수(+)이므로 은행에 예금하면 비록 적더라도 얼마의 이자를 챙길 수 있어요. 그런데 만약에 금리가 마이너스라면 이런 상식이 통하지 않습니다. 은행에 돈을 맡기면 이자를 받기는커녕 예금한 사람이 은행에 돈을 더 내야 하는 거니까요. 은행에 돈을 맡기며 보관료를 내는 거로 생각하면 돼요. 제로금리도 기가 막히는데, 마이너스 금리라니 황당하지요? 그런데 이런 일이 실제로 벌어졌습니다. 경기가 심각하게 나빠진 유럽의 일부 국가가 기준금리를 마이너스로 내린 적이 있답니다. 돈을 맡기면 보관료를 내야 하므로, 맡기지 말고 가지고 있는 돈을 적극적으로 쓰라는 취지입니다. 돈이 경제에 활발하게 돌게 만들어 경기를 살리겠다는 거예요.

OTP
금융 거래에는 보안이 최고야

돈을 다른 사람 계좌로 이체하려면 은행 영업점을 방문해 신분증을 제시하면 됩니다. 그런데 요즘은 영업점을 방문하지 않고, 인터넷 뱅킹이나 모바일 뱅킹으로 돈을 이체하는 사람들이 많아요.

인터넷 뱅킹이나 모바일 뱅킹 같은 비대면 거래의 경우에는 은행원과 직접 만나지 않기 때문에 신분증으로 본인임을 증명할 방법이 없습니다. 이 점을 이용해 남의 계좌 정보를 훔쳐 돈을 빼가는 금융 사기가 종종 발생해요. 분명히 비대면 거래가 편리하지만, 보안 측면에서는 취약한 면이 있는 거죠.

이에 대처하려고 도입한 게 '보안카드'였습니다. 은행이 계좌 소유주에게 체크카드 크기의 플라스틱 보안카드를 발급해줍니다. 이 보안카드에는 수십 개의 비밀번호가 인쇄돼 있어요. 예금주마다 보안카드에 인쇄된 비밀번호가 다르므로 다른 사람은 번호를 알 수 없어요. 이제 돈을 이체할 때마다 보안카드에 있는 비밀번호를 입력해 본인임을 증명하는 거예요.

그러나 여기에도 보안상 허점이 드러났어요. 보안카드를 자주 사용한 결과 또는 실수로 보안카드에 인쇄된 비밀번호가 통째로 다른 사람에게 넘어가는 문제가 생겼어요. 그래서 'OTP'가 등장했습니다. 영어 One Time Password의 약자예요. 거래할 때마다 무작위로 생성되는 일회용 비밀번호를 쓰도록 한 겁니다. 비밀번호가 노출되어도 일회용이니 문제 되지 않겠죠. 은행은 고객에게 'OTP 생성기'를 발급해줘요. 이제 인터넷 뱅킹, 모바일 뱅킹을 이용해 돈을 이체할 때마다 OTP 생성기가 만든 일회용 비밀번호를 입력하면 돼요. 생성된 비밀번호는 60초 동안 유효합니다.

OTP 생성기는 보안 문제를 해결하는 데는 도움이 되지만, 거래할 때마다 새로운 비밀번호를 확인·입력해야 하므로 늘 생성기를 소지하고 다녀야 하는 불편함이 있습니다. 그래도 한 곳의 금융회사에서 받은 OTP 생성기를 다른 금융회사에서도 공용으로 사용할 수 있어요. 금융회사마다 생성기를 따로 발급받을 필요가 없어요. 초창기의 OTP 생성기는 지우개 정도의 부피여서 소지에 따른 불편함과 분실 우려가 있었어요. 지금은 체크카드 크기로 얇게 만들어져 지갑에 넣고 다닐 수 있어요. 지금은 한 단계 더 발전해 스마트폰이나 컴퓨터에 OTP 생성 소프트웨어를 설치해 비밀번호를 만들어내는 모바일 OTP도 나왔답니다.

Q   #보안 #금융_거래 #비밀번호 #비대면_거래 #본인_인증 #노출 #비밀번호_생성 #휴대성

041

재테크
돈을 불리는 데에도
기술이 필요해

사람들은 돈을 어떻게 관리하고 어떤 곳에 운용해야 이자나 수익을 한 푼이라도 더 벌 수 있을지 고민해요. 이처럼 사람들이 가지고 있는 돈을 운용해 수익을 만들어내는 기술을 '재테크'라고 합니다. 돈을 의미하는 '재무'와 기술이라는 영어 '테크놀로지'technology의 합성어인 '재무 테크놀로지'를 줄인 말이에요.

원래 재테크는 '기업이 자금을 조달하고 효율적으로 운용하는 것'을 뜻하는 용어였어요. 그러다 점차 돈이나 재산을 효과적으로 불리는 데 관심 있는 사람이 많아지면서 '개인이 돈, 재산을 관리하고 운용하는 것'을 의미하게 됐어요. 합리적으로 소비하고, 금리가 높은 상품에 가입하고, 좋은 투자 대상을 고르고, 보험과 연금에 가입하는 것 등이 모두 재테크에 해당합니다.

재테크라는 말이 생긴 뒤에 여러 파생어가 연이어 등장했답니다. '레테크'라는 말을 들어봤나요? 블록 장난감인 레고와 재테크를 합친 말이에요. 희소성 있는 레고를 사놓고 값이 오르면 되팔아 수익을 남기는 행위를 말해요. 스니커즈, 명품 가방, 고급 시계 등 희소성 있는 제품을 구매한 뒤 되파는 '리셀테크'도 있어요. '식물 재테크'의 줄임말인 '식테크'도 인기를 끌고 있어요. 마찬가지로 희귀 식물을 키워 비싸게 분양해 돈을 버는 거죠, 미술품이나 예술품을 통해 수익을 내는 걸 '아트테크'라 불러요.

재테크에 대한 사람들의 관심이 커진 이유는 월급만 가지고는 돈을 모으거나 욕구를 충족하기 어려워졌기 때문이에요. 외식도 하고 여가를 즐기며 여행도 하고 싶고 사랑하는 가족과 내 집에서 살고 싶은 게 많은 사람의 공통된 욕구인데, 월급이나 소득만으로 이 욕구들을 충족할 수 있는 사람은 드물지요.

노후 대비를 위해서도 재테크에 관심을 둬야 합니다. 죽을 때까지 돈을 벌기란 어려워요. 나이가 많아지면 소득이 크게 줄지만, 생활비는 여전히 들어가고 병원비는 젊었을 때보다 훨씬 더많이 필요하므로 노후 생활을 위해 돈을 모아놓아야 합니다.

그런데 재테크에는 관심이 많으면서도 정작 돈을 효율적으로 관리하는 방법을 공부하지 않는 사람이 많아요. 시험공부 하지 않고 좋은 성적을 기대하는 꼴입니다. 지식과 준비 없이 재테크에 나서는 사람은 성공 가능성이 작습니다.

Q   #자금_관리와_운용 #수익 #기술 #재무 #테크놀로지 #리셀 #노후_대비 #삶의_질_향상

042

투자
원금을 안전하게 지킬 수 없어

투자라는 말을 많이 들어봤을 거예요. 투자에는 두 가지 뜻이 있어요. 첫째는 회사가 생산 활동에 도움 되려고 공장이나 설비 등을 갖추는 걸 말합니다. 뉴스에서 "제품의 인기가 좋아 회사가 신규 투자를 하기로 했다" 또는 "경기가 좋지 않아 투자를 망설이는 회사들이 많다" 등에 있는 투자가 이 뜻에 해당합니다. 그런데 이 책에서 말하려는 '투자'는 이런 의미가 아니라 돈의 운용 또는 재테크와 관련된 의미입니다. 개인이 재테크 차원에서 돈을 크게 불리려고 금융 자산 등을 구매하는 걸 말해요. 주식 투자, 부동산 투자, 금 투자, 가상 자산 투자 등에 쓰이지요. 첫 번째 의미의 '투자'와 구분하기 위해서, 이 두 번째 투자를 '금융 투자'라고 부르는 사람도 있는데, 이 책에서는 그냥 '투자'라고만 할게요.

투자는 돈을 운용하는 방법이 예금과 사뭇 달라요. 예금은 은행에 돈을 맡기고 정해진 이자를 확실하게 얻는 방식이에요. 은행에 맡긴 원금이 안전하게 보전되지만, 대신에 이자가 많지 않아요. 그래서 예금으로는 돈을 크게 불리는 데 한계가 있지요.

그래서 어떤 사람들은 돈을 더 크게 불리려고 '투자'investment 라는 방식을 선택해요. 시간이 지나면서 가치가 오를 것으로 기대하는 주식, 채권, 부동산, 금 같은 자산을 구매한 뒤 가치가 오르면 팔아 수익을 버는 거예요. 시세 차익을 남기는 거죠. '리셀'이 곧 투자라는 사실을 알 수 있을 거예요.

투자하는 사람을 '투자자'라고 해요. 투자는 예금과 달리 원금을 안전하게 지킬 수 없어요. 투자자가 기대한 것과 반대로 구매한 자산의 가치가 내려가면 원금에 손실이 나기 때문이에요. 투자에는 상당한 위험(리스크)이 따른다는 말입니다. 투자자는 손실 위험을 각오하고 자산을 매입하므로, 그에 대한 보상으로 상대적으로 많은 수익을 기대하죠. 이자 이상의 수익을 기대하는 거예요. 만약에 수익이 이자보다도 적다면 원금 손실 위험까지 있는 투자에 나설 어리석은 사람은 없을 겁니다. 투자할 자산을 잘 고르면 많은 수익을 남길 수 있다는 게 투자의 최대 장점이에요. 매우 드물게 일확천금이나 횡재 같은 일이 가능해요.

투자의 최대 단점은 원금 손실 위험입니다. 최악의 경우 투자금 전부를 일순간에 날릴 수 있죠. 신이 아닌 이상, 미래에 어떤 물건의 가치가 오를지 내릴지 정확하게 예측할 수 없으니까요.

Q   #돈의_운용 #재테크 #개인 #주식 #부동산 #금 #가상_자산 #투자자 #손실 #리스크 #위험

043

기회비용

버티면 언젠가 가격이 오른다고?
무작정 견디는 게 능사는 아니야

투자에는 손실 위험이 따르므로 섣불리 투자에 나서면 안 돼요. 남들이 투자로 돈을 벌었다는 소문만 듣고 따라 하다가는 큰일 납니다. 그동안 힘들게 벌고 아껴 써서 모은 돈을 순식간에 날릴 수 있어요.

이렇게 생각하는 사람도 있어요. '주식이든 아파트든 오래 두고 놔두면 언젠가는 가격이 오를 것이므로 가격이 내려가더라도 팔지 않고 끝까지 버티면 돈을 벌 수 있는 거 아니야?'라고요. 그 럴듯해 보이지요? 여기에는 세 가지의 심각한 오해가 있어요.

첫째, 가격이 오를 때까지 무작정 기다리려면 투자한 돈 말고도 여분의 돈이 많이 있어야 해요. 그래야 생활비든 병원비든 쓰면서 일상생활을 유지할 수 있으니까요. 이처럼 여분의 돈을 충분히 확보한 사람은 많지 않아요.

두 번째 오해는 더 중요해요. 땅을 1억 원에 산 사람이 있다고 해봐요. 그런데 땅값이 기대와 달리 10년 동안 오르지 않아 팔지 않고 무작정 버텼습니다. 그러다가 드디어 땅값이 올라 1억 2천만 원에 파는 데 성공해 2천만 원의 수익을 벌었습니다.

기뻐해야 할까요? 땅에 투자해서 정말로 수익을 번 걸까요? 만약 이 사람이 1억 원으로 땅에 투자하지 않고 3%의 금리로 정기예금했다고 합시다. 10년 동안 이 사람은 단리로만 따져도 3천만 원의 이자를 벌었습니다. 복리로 따진다면 받은 이자는 3,490만 원이나 됩니다.

10년간 단리 이자 = 원금 1억 원 × 금리 3% × 10년 = 3천만 원

땅 투자 대신에 예금했더라면 더 많은 수익을 올릴 수 있었다는 말이에요. 예금이 아니라 금 같은 곳에 돈을 운용했더라면 돈을 더 많이 벌었을지도 모르는 일이고요. 땅 투자는 돈을 번 게 아니라 손해였다는 결론에 이릅니다. 여기에 지난 10년 동안 땅값이 오르지 않아 노심초사하고 잠을 이루지 못했던 정신적 고통까지 포함한다면 손해가 이만저만이 아니지요.

이처럼 끝까지 버티면 언젠가는 가격이 오른다고 믿고 무작정 버티는 방법 역시 답이 되지는 못해요. 투자한 돈을 다른 곳에 쓰지 못하는 '기회비용'이 발생한다는 사실을 잊지 말아야 합니다.

마지막으로 자산이라고 언젠가 가격이 오른다는 생각 자체

에도 문제가 있어요. 수십 년 동안, 아니 백 년 넘게 가격이 오르지 않는 자산도 있어요. 최악의 경우는 자산의 가치가 땅에 추락하거나 아예 사라져버리는 겁니다. 투자는 위험해요.

🔍 #손실_위험 #수익_따져보자 #자산도_사라질_수_있어 #투자의_가치 #기회 #심리 #운용

044

투기
근거 없이 추측에만 매달려서야

투자라는 말과 그림자처럼 붙어 다니는 말이 있어요. 바로 '투기'speculation입니다. 둘 다 돈을 벌기 위해 가격이 오를 것으로 기대하는 자산을 구매한 뒤 시세 차익을 얻으려는 행위라는 점에서 차이점이 없습니다.

그러나 분명히 두 용어는 다른 뜻으로 쓰여요. 투자와 투기의 차이는 그것을 하는 사람들을 부르는 말에서 뚜렷하게 드러납니다. 투자하는 사람을 '투자자'로 부르는 한편, 투기하는 사람은 투기자가 아니라 '투기꾼'으로 부르거든요.

'꾼'은 어떤 일에 능숙한 사람을 낮잡아 부르는 표현이지요. 사기꾼, 싸움꾼도 그렇고요. 투기꾼이라는 말에서 투기에는 부정적 시각이 깊이 스며들어 있음을 짐작할 수 있어요.

투자는 자산의 가치와 특성, 그 속에 숨어 있는 위험을 잘 파악하고 연구와 분석을 통해 비교적 긴 안목으로 자산을 구매하는 겁니다. 예를 들어 어느 회사의 실적이나 가치, 회사 사업의 전망 등을 분석하고 회사의 성장 가능성에 확신을 가진 뒤 주식을 구매한다면 투자로 볼 수 있는 거죠.

반면에 투기는 이와 같은 논리적이고 이성적인 분석과 판단보다는 막연한 기대감에 오로지 수익만을 생각해 자산을 구매하고 비교적 짧은 기간 안에 가격 상승을 노리며 자산을 구매하는 거예요. 본래의 가치는 따지지 않고 사회 분위기에 휩쓸려 부화뇌동하는 모습으로 주식을 구매한다면 투자가 아닌 투기입니다.

그렇지만 현실에서 투자와 투기의 구분이 말처럼 쉽지는 않아요. '이성적인 분석 대 막연한 기대감' '긴 안목 대 짧은 기간'은 사람에 따라 구분의 기준이 달라져요. 그래서 본인은 투자한다고 외치지만 다른 사람 눈에는 투기로 비치는 거지요.

"내가 하면 투자, 남이 하면 투기" "성공한 투기는 투자, 실패한 투자는 투기" 같은 말들이 떠돌고 있어요. 그만큼 투자와 투기를 엄밀하게 구분하기 힘들다는 뜻이에요.

재테크를 하는 사람은 투기가 아니라 투자에 관심을 둬야 해요. 실제로 우리나라에서 투자는 보통 사람들의 주요 관심사 가운데 하나랍니다. 문제는 투자하는 시늉만 내면서 실제로는 투기하는 사람이 있다는 거예요. 투기가 성행하는 사회, 투기꾼이 득실거리는 사회에는 미래가 없습니다.

Q #투자와_투기의_차이점 #막연한_기대와_추측 #투기꾼 #주요_관심사 #투자 #근거

045

버블

튤립은 튤립다울 때
가장 아름다워

역사적으로 보면 누가 뭐래도 투기로 부를 수 있는 유명한 사례
가 몇 개 있어요. 그 가운데 제일 유명한 건 '튤립 투기'랍니다.

17세기 초 네덜란드에서 일어난 일이에요. 당시 네덜란드는
유럽 무역의 중심지, 금융의 중심지였어요. 그러니 당연히 수많
은 무역상과 상인이 모여들었고 세계 각국의 돈이 집중됐어요.
경제적으로 최고의 전성기를 누린 덕분에 네덜란드 사람들의 주
머니도 넉넉했습니다.

유망한 투자 대상을 찾던 네덜란드 사람들의 눈에 튤립이 들
어왔어요. 튤립은 16세기에 오스만투르크에서 유럽으로 전파되
어 일부 부자들 사이에 인기가 있었어요.

그러다 일반인들도 돈이 넉넉해지자 튤립을 찾기 시작한 거
예요. 처음에는 튤립을 정원에 심고 이웃에게 자랑하는 정도였지
만, 인기가 대단해지자 앞으로도 가격이 크게 오를 거라는 기대
감에서 튤립을 투자의 대상으로 삼는 사람들이 생겨났습니다.

튤립 사재기가 성행했고 튤립 가격은 천정부지로 올랐습니다. 하루에 가격이 2~3배씩 오르기도 했어요. 튤립 덕분에 떼돈을 번 사람들도 생겨났고요. 이 소식에 더 많은 사람이 튤립을 경쟁적으로 사들였답니다. 값은 또 올랐고요. 땅이나 집을 팔아 튤립을 사는 네덜란드 사람도 있었어요. 한 마디로 튤립 광풍이 불었습니다.

튤립값이 얼마까지 올랐는지를 알면 깜짝 놀랄 거예요. 튤립 뿌리 한 개의 값이 집 한 채 값에 해당했어요. 상식적으로 도저히 이해할 수 없는, 터무니없는 가격이지요.

이런 현상은 단연코 오래갈 수 없어요. 튤립 가격이 과도하게 높다고 정신 차리는 사람들이 나타나면서 순간적으로 분위기가 역전됐어요. 튤립값이 떨어지기 시작하자 튤립을 사려는 사람이 거짓말처럼 사라졌습니다. 뒤늦게 비싼 값에 튤립을 사들인 사람들은 팔지 못해 하룻밤 사이에 빈털터리가 됐지요. 이게 투기의 전형적인 모습이랍니다.

이처럼 어떤 자산의 가격이 합리적인 수준을 훨씬 넘어 과도하게 높아지는 현상을 '버블' bubble, 우리말로는 '거품'이라고 불러요. 거품은 겉으로 보면 매우 커 보이지만 속은 텅 비어 있고, 시간이 지나면 꺼져버리는 속성이 있어요.

우리나라에도 가상 자산(암호화폐, NFT)에 투자하는 사람들이 많습니다. 눈에 보이지도 않는 가상 자산의 가치가 수천만 원

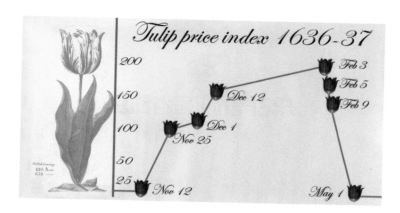

↑ 네덜란드 튤립 버블 당시 튤립 시세

에 이르기도 해요. 가상 자산이 21세기판 튤립이 되지 않을까 염려됩니다.

주식

우리 함께 동업해요

여러분도 주식이라는 말을 들어봤을 거예요. 본인의 이름으로 주식을 가지고 있는 사람도 있을 테고요. 어른들도 모이면 주식 얘기를 많이 해요. 도대체 주식이 무엇이기에 이토록 많은 사람이 관심을 두고 있는 걸까요?

치킨을 맛있게 튀기고 양념하는 솜씨가 좋은 백 청년이라는 사람이 있다고 해봐요. 치킨 회사를 만들면 가맹점을 모아 치킨을 많이 팔 자신이 있어요. 그런데 회사를 차릴 돈이 충분하지 않아서 사업을 시작하지 못해요. 백 청년이 치킨 회사를 시작하려면 1억 원이 필요한데, 그에게 있는 돈은 절반인 5천만 원뿐이에요.

이 문제를 해결할 수 있는 한 가지 방법이, 공동으로 사업할 사람을 수소문하는 거예요. 백 청년은 자신의 솜씨와 회사 경영 능력을 믿고 돈을 대주며 사업에 동참할 의향이 있는 사람들을 모아요. 백 청년의 치킨을 먹어보고 맛있다고 생각하는 사람들이 하나둘씩 모이겠지요.

이들은 각자 자신이 낼 수 있는 만큼 돈을 내요. 백 청년에게 필요한 돈이 5천만 원이므로 1천만 원씩 내는 사람 5명을 모으면 됩니다. 만약 평균적으로 백만 원씩 낸다면 50명을 모을 필요가 있고요.

목표액을 모으는 데 성공한 백 청년은 치킨 사업을 시작할 수 있게 돼요. 치킨 회사를 시작하는 데 들어간 자금 1억 원을 '자본금'이라고 불러요. 자본금을 제공해준 사람들에게는 일종의 증서를 만들어줘야겠지요. 말로만 "돈을 받았다" "고맙다" 하는 식으로 사업할 순 없잖아요.

이 증서가 바로 '주식'stock이에요. 계산을 쉽게 하려고 5명이 1천만 원씩 자본금을 냈다고 가정합시다. 백 청년이 회사 자본금 1억 원 가운데 5천만 원을 냈으니 전체 발행한 주식 가운데 절반을 갖습니다. 그리고 천만 원씩 낸 5명은 각각 10%씩 주식을 보유합니다.

주식을 가지고 있는 사람을 '주주'라고 불러요. 이제 백 청년을 포함해 여섯 명의 주주가 치킨 회사의 공동 소유주가 된 거예요. 공동 소유주이지만 이들 6명이 똑같이 1/6씩의 '지분'을 차지하는 건 아니랍니다. 각자 낸 자본금에 비례해서, 즉 보유한

Q #주식회사의_자본을_구성해 #주식_주인_주주 #증서 #주주의_투자 #지분 #대주주 #소액주주

주식 수에 비례해서 지분을 가져요. 주식을 많이 보유한 주주를 '대주주', 적은 수의 주식을 보유한 주주를 '소액주주'라고 부릅니다.

주식의 절반을 보유하고 있는 백 청년이 회사의 절반을 소유하는 거죠. 다른 5명의 주주는 치킨 회사의 지분을 10%씩 소유하는 거고요. 이처럼 주식 한 장 한 장은 그 회사에 대한 '소유권'을 나타내요.

옛날엔 주식을 종이로 인쇄했어요. 그런데 종이 주식은 보관하기 성가시고 인쇄비도 많이 들어요. 분실 우려도 있고요. 그래서 요새는 종이로 인쇄하지 않고 전자적으로 발행해서 컴퓨터에 저장해놓고 있답니다.

자본금이 1억 원일 때, 발행하는 주식 수가 몇 장인지는 주식 한 장의 가격을 얼마로 정하느냐에 따라 달라져요. 예를 들어볼게요. 만약 주식 한 장의 가격을 5천 원으로 정하면 주식 2만(=1억÷5천) 장을 발행해야 합니다. 만약 주식 한 장의 가격이 5백 원이라면 발행하는 주식 수가 20만 장이 되겠지요. 한 장의 가격이 얼마인지는 주식 앞면에 표시되어 있는데, 이를 '액면가'라고 불러요. 가령 한국은행이 발행한 5만 원짜리 종이돈의 표면에는 5만 원이라고 표시되어 있지요? 액면가가 5만 원이라는 뜻이에요. 주식의 액면가는 회사가 주식을 발행할 때 자유롭게 정할 수 있어서 회사마다 달라요. 참고로 여러분이 잘 알고 있는 삼성전자의 주식은 액면가가 100원입니다.

주식회사
주주들이 주인이에요

백 청년의 치킨 회사처럼 주식을 발행해 익명의 여러 사람으로부터 자본금을 모아 만든 회사를 '주식'회사라고 해요. 여러분이 알고 있는 우리나라 회사들, 그리고 세계적으로 유명한 해외 기업 대부분은 주식회사입니다.

'어느 회사의 주식을 산다'는 말은 자기 돈을 그 회사에 자본금으로 대준다는 뜻이에요. 자본금을 내 그 회사에 투자하는 거죠. 치킨 회사 주식을 소유한 주주들은 무엇을 바랄까요? 백 청년이 요리 솜씨와 경영 능력을 제대로 발휘해서 치킨 매장이 번영하는 거겠죠. 방송에도 소개되고 맛집으로 소문난다면 더 좋을 거예요. 치킨 회사의 매출이 늘어나고 이윤도 많아질 테니까요.

만약 회사에 4천만 원의 이익이 생긴다면 그 절반인 2천만 원은 백 청년의 몫이고, 나머지 절반은 5명의 주주가 나눠 가질 수 있습니다. 공동 주인이라고 했으니까요. 주식회사가 잘 되면 주주도 함께 웃는 거예요. 치킨 회사가 예상보다 더 잘 되자 백 청년과 주주들은 모여 향후 방향을 논의했어요. 주주들이 하는 회의이므로 이를 '주주총회'라고 해요. 주식회사를 경영하면서 결정해야 할 중요 사항은 주주총회에서 논의한답니다.

주주총회에서 주주들이 매장 수를 늘리고 직원도 추가로 뽑기로 뜻을 모았어요. 사업을 확장하려면 자본금이 더 필요해요. 기존 주주들이 자본금을 추가로 낼 수도 있지만, 새 주주를 모을 수도 있어요. 어느 방법이든 자본금을 늘리는 거니까 그만큼 주식을 새로 발행해서 자본금을 내는 사람에게 줘야 해요. 새 주주를 모은다면 치킨 회사의 주주 수도 늘어나죠. 백 청년의 치킨 회사처럼 주주가 몇 명 되지 않는 작은 주식회사도 있지만, 대규모 주식회사는 주주 수가 수십만 명 또는 수백만 명에 이를 정도로 많아요. 자본금 규모도 상상을 초월할 정도로 크겠지요.

이처럼 많은 주주가 주주총회에서 모두 같은 힘을 가지는 건 아닙니다. 보유하고 있는 주식의 수만큼 의결권을 행사할 수 있어요. 가령 1장의 주식을 소유한 주주는 의결권이 1개이지만, 100장의 주식을 소유한 주주의 의결권은 100개예요. 주식을 많이 보유할수록 의결권이 많아지므로 주식회사를 지배할 힘이 강해집니다. 치킨 회사에서 백 청년이 주식의 절반을 소유하고 있으므로 회사를 대표하는 사장이 될 수 있어요.

Q #주식_발행 #자본금 #주주가_주인 #투자 #회사의_발전 #주주총회 #의결권 #대표 #사장

048

유한책임

보유한 주식만큼만
책임지면 돼!

우리가 알고 있는 회사는 대부분 주식회사라고 했지요. 우리나라에서 설립된 회사 가운데 90% 이상을 차지하고 있어요. 그만큼 주식회사가 대세라는 뜻입니다. 주식회사가 대세가 된 데는 뭔가 매력적인 점이 있어서일 텐데, 그 매력이 뭘까요?

만약에 백 청년의 사업 자금이 충분해서 혼자 힘으로 치킨 회사를 차려 사업을 시작했다고 합시다. 그런데 불행하게도 치킨이 인기가 없었고 결국은 커다란 빚까지 졌다면 백 청년에게는 회사 빚을 끝까지 갚을 책임이 있어요.

회사의 물건들을 모두 처분하고도 빚을 다 갚지 못하면, 백 청년은 자신이 사는 집이나 개인 재산을 팔아서라도 남은 빚을 다 갚아야 해요. 회사 빚에 대해서 '무한책임'unlimited liability을 지는 겁니다.

무한책임을 지는 게 두려워서 사업하기를 망설이는 사람들이 많습니다. 회사에 투입한 돈만 날리면 그나마 사업할 용기가 나는데, 혹시나 잘못돼 커다란 빚을 지면 개인 재산과 가족의 생활까지 위험해지기 때문이지요.

이런 염려를 없앤 게 주식회사입니다. 주식회사가 큰 빚을 지고 파산하더라도 주주는 자신이 주식을 사서 투자한 돈만큼만 책임을 지면 돼요. 가령 1천만 원을 투자한 주주는 1천만 원만 포기하면 그걸로 모든 책임이 해소됩니다. 설령 회사의 빚이 수억 원이 남아 있더라도 상관없어요. 이를 '유한책임'limited liability이라고 해요. '유한'은 한계가 있다는 뜻이에요.

유한책임이라는 특징이 주식회사의 큰 매력입니다. 이 매력에 이끌려 많은 사람이 자발적으로 주주가 되겠다고 선택해요. 주주가 많으니, 비록 한 사람씩은 적게 투자하더라도 모여 많은 돈으로 불어날 수 있습니다.

가령 우리나라를 대표하는 주식회사 삼성전자의 주주 수는 무려 500만 명이 넘어요. 우리나라 국민 10명 가운데 1명은 삼성전자 주주라는 말이에요. 이 가운데 20살 미만의 어린 주주도 35만 명이나 있다고 해요.

주식회사는 많은 사람으로부터 자본금을 모으는 데 유리하므로 사업 규모를 키우고 대기업이 되는 데 적합한 회사입니다. 자동차, 철강, 조선, 전자제품, 화학제품 등을 생산하는 회사는 대규모 시설을 갖춰야 하므로 몇 명 개인의 돈만으로는 도저히 사업할 엄두를 낼 수 없어요. 그렇다면 대량 생산이 불가능했을 테고 경제는 지금처럼 성장하지 못했을 겁니다.

하지만 주식회사가 있었기에 가능했어요. 대규모 자금을 모을 수 있었고 수만 명의 직원을 채용해 대량 생산을 통하여 낮은 가격에 양질의 제품을 만들어낼 수 있습니다.

049

주식시장

주식을 사고, 팔고
자유롭게 거래해요

주주 중에서 갑자기 돈이 필요한 상황에 처하는 사람이 생길 수 있습니다. 아니면 투자했던 회사에 더는 매력을 느끼지 못해 주주 관계에서 벗어나고 싶은 사람도 생길 수 있죠. 어떤 경우가 됐든 가지고 있는 주식을 팔아야 합니다. 어떻게 해야 할까요?

회사 내의 다른 주주들에게 주식을 팔아야 할까요? 만약에 다른 주주들이 주식을 사지 않겠다고 하면 대주주에게 팔아야 할까요?

만약에 주주가 가지고 있는 주식을 필요할 때 빨리 처분하기 힘들다면 곤란해져요. 주식에 자신의 돈이 꽁꽁 묶여버리거나 주주 관계를 끊기 어렵기 때문이지요.

이런 문제를 해결하기 위해서 주식을 자유롭게 거래할 수 있는 주식거래소를 만들었답니다. 이른바 '주식시장'이에요. 누구든지 가지고 있는 주식을 팔고 싶을 때 팔 수 있으며, 반대로 새로 주식을 사고 싶은 사람은 아무 때나 편리하게 살 수 있도록 시장을 만든 겁니다.

주식시장이 있기에 주주들은 주식을 처분할 염려를 하지 않아도 됩니다. 다른 주주나 대주주에게 주식을 사라고 요청하는 게 아니에요. 주식시장에 자신의 주식을 팔려고 내놓는 거예요. 그러면 시장에서 그 주식을 사고 싶은 사람이 사요. 주식을 팔면 주주 자격이 사라지고, 주식을 산 사람이 새 주주가 돼요.

아직 주식을 가지고 있지 않은 사람도 마찬가지예요. 아무 때라도 시장에 나와 있는 주식을 사서 자신이 원하는 주식회사의 새 주주로 변신할 수 있습니다. 주식시장에서 주식을 자유롭게 거래할 수 있다는 점 역시 주식회사가 성장하는 데 크게 기여했어요.

세계 최초의 주식시장은 네덜란드에서 시작됐습니다. 역사 책에 나오는 네덜란드의 동인도 회사가 주식회사였어요. 네덜란드는 동인도 회사 주식을 쉽게 거래할 수 있도록 주식거래소를 개장했던 거예요.

우리나라에는 일제강점기에 주식시장이 열렸는데, 일본인이 독점하다시피 했으므로 진정한 주식시장으로 보지 않아요. 대신 1956년에 출범한 대한증권거래소를 우리나라 주식시장 역사의 시작으로 봅니다. 지금은 이름이 한국거래소로 바뀌었으며 부산

🔍 #주식을_사고파는_시장 #주식거래소 #매수 #매도 #한국거래소 #주식시장은_열려_있어

에 본사가 있어요.

물론 주식을 거래하기 위해 이곳을 방문해야 하는 건 아니에요. 요즘엔 주식 거래를 컴퓨터 프로그램, 모바일 애플리케이션 등으로 할 수 있으므로 안방이든 교실이든 버스 안이든 주식시장은 언제 어디서나 열려 있어요.

컴퓨터와 인터넷이 보급되기 전에는 주식을 거래하려면 유선 전화를 이용하거나 증권회사 영업점을 직접 방문해야 했어요. 증권회사 담당자에게 어느 회사 주식을 얼마에 몇 주를 사거나 팔고 싶으니 주문을 내달라고 부탁하는 겁니다. 담당자는 이 주문을 다시 증권거래소 즉, 주식시장에 전달했습니다. 자신이 낸 주문이 체결되었는지를 알기까지 상당한 시간을 기다려야 해서 답답했어요. 증권거래소에서는 직원이 여기저기서 접수된 많은 주문을 일일이 눈으로 확인하고 일치하는 조건을 찾아 주문을 맺어줬습니다. 주문이 많은 날에는 이 작업을 새벽까지 해야 했답니다. 이제는 컴퓨터나 모바일로 주식을 거래하면서 이런 불편함이 사라졌지만, 그렇다고 좋은 면만 있는 건 아니에요. 순간적인 부주의로 주문을 잘못 내는 것이 대표적인 부작용이랍니다. 가령 주식을 사면서 컴퓨터 키보드나 휴대전화 자판에서 1을 누른다는 것이 그만 2를 누르거나 실수로 0을 하나 더 눌러 1만 원짜리를 10만 원으로 주문해서 큰 손해를 보는 사람이 생깁니다. 이와 같은 주문 실수를 '팻 핑거'fat finger라고 불러요. 손가락이 굵어 키보드나 자판을 누르는 과정에서 가격이나 거래량을 잘못 입력하는 것에 비유한 용어이지요. 실제로 2013년에 우리나라의 한 증권회사는 직원의 팻 핑거로 460억 원의 손실을 봤어요. 이 손실을 견디지 못한 증권회사는 파산하고 말았답니다.

주식 투자
이익도 좋지만
손실 위험을 잊지 마!

'주식' 하면 제일 먼저 '투자'가 연상됩니다. 적은 돈으로도, 남녀 노소 누구든지 투자할 수 있는 게 주식이기 때문이지요. 우리나 라 사람 가운데 주식 투자자가 1,500만 명에 이른다고 해요. 옛날 에 투자했다가 지금은 하지 않는 사람까지 포함한다면 아마 성인 의 절반 이상은 주식 투자 경험이 있을 거예요.

주식에 투자해서 돈을 버는 방법은 단순해요. 싼값에 사서 비 싼 값에 되팔면 돼요. 그 차이만큼 시세 차익을 얻습니다. 반대로 주식을 팔아야 하는데 인기가 없어 샀을 때보다 가격이 낮아져 있다면 손해를 보고 팔아야겠지요. 주식 투자에서 손실을 봅니 다. 어느 주식회사의 주주가 된다는 자긍심도 중요하지만, 이왕 이면 주식을 팔 때 시세 차익까지 남겨 투자에서도 좋은 성과를 얻는 게 좋을 거예요. 따라서 주식 투자의 핵심은 미래에 가격이 오를 것으로 보이는 회사를 가려내는 일이에요.

주식의 가격을 줄여서 '주가'라고 불러요. 주가가 결정되는 원리는 물건의 값이 결정되는 원리와 같아요. 어느 회사의 주식이 인기가 많아지면 그 주식을 사려는 수요가 증가합니다. 그 주식을 팔려는 공급은 감소하겠지요. 인기가 있으니 누가 팔려고 하겠어요? 수요는 증가하는데 공급은 감소하니 주가가 오릅니다. 반대로 어느 주식의 인기가 식으면 그 주식을 사려는 수요가 감소하고 팔려는 공급이 증가합니다. 따라서 주가가 내려요.

우리나라 주식시장에 거래되는 종목 수만 해도 2,500개가 넘어요. 이뿐이 아니에요. 지금은 주식시장이 개방돼 우리나라 안방에서도 세계 다른 나라 주식시장에서 거래되는 주식을 자유롭게 거래할 수 있답니다. 모두 합하면 종목 수가 만 개도 넘어요.

이 가운데 투자할 가치가 있는 건 현재뿐 아니라 앞으로도 실적이 좋을 것으로 보이는 회사입니다. 더 나아가 새로운 성장 잠재력을 지니고 있어 미래에도 성장이 예상되는 회사라면 금상첨화겠지요. 하지만 미래를 정확하게 내다볼 수 있는 사람은 없어 이런 회사를 고르는 게 쉽지 않아요. 어떤 돌발적인 일이 발생할지 모르고요. 주식 투자에는 항상 손실 위험이 도사리고 있다는 뜻입니다. 주식 투자로 돈을 쉽게 벌 수 있다는 생각은 허황하기 이를 데 없어요. 전문가들도 돈 벌기 어려운 게 주식 투자랍니다.

Q #투자에는_손실_위험이_따르지 #시세_차익 #주식의_가격_주가 #수요와_공급 #신중하게

051

코스피
노는 물이 다르네!

우리나라 주식회사 중에는 삼성전자, 현대자동차, 네이버처럼 누구나 알고 있고 세계 시장에서도 유명한 대형 회사도 있지만, 이름이 잘 알려지지 않은 신생 중견기업이 더 많아요. 종업원 수, 매출액 규모, 이익 크기, 회사 안전성 등에서 천차만별인 주식들이 하나의 시장에서 거래된다면 투자자들이 무척 혼란스럽겠죠. 그래서 어느 나라든지 주식시장을 몇 개로 나눠 운영합니다. 우리나라에도 여러 종류의 주식시장이 있어요. 주식 투자자들이 주로 관심을 두는 시장은 '코스피 시장'과 '코스닥 시장' 두 개예요.

코스피 KOSPI 시장은 우리나라를 대표하는 주식시장이에요. 공식 명칭은 '유가증권시장'입니다. 코스피 시장에서는 상대적으로 규모가 크고 안정적인 대기업 주식이 거래됩니다.

코스닥 KOSDAQ 시장은 코스피 시장의 문턱을 넘지 못한 중소기업이나 벤처기업 등의 주식을 거래해요. 회사 규모나 안전성 면에서는 코스피 시장에 있는 대기업보다 조금 못할 수 있지만,

성장 가능성이 큰 회사들이지요. 따라서 종목을 잘 골라 투자하면 높은 수익률을 기대할 수 있어요.

우리나라 코스닥 시장은 미국의 나스닥 시장을 모델로 삼아 만들었어요. 미국이 나스닥 시장을 만들어 첨단 벤처기업들이 성장하는 데 도움을 주고 경제 활성화에도 기여한 데 착안해서 우리나라도 코스닥 시장을 만든 겁니다. 어떤 사람은 두 종류의 주식시장을 스포츠에 비유합니다. 코스피 시장이 1부 리그, 코스닥 시장이 2부 리그에 해당하는 거지요. 코스피와 코스닥은 각 시장의 이름이기도 하지만 동시에 '주가지수' 이름으로도 쓰여요. 주가지수란 주식시장에서 거래되고 있는 많은 주식의 주가를 공식에 따라 하나의 수치로 지수화한 거예요. 물가 지수처럼 말이에요. 코스피 시장에서 거래되는 많은 기업의 주가를 이용해 만든 주가지수가 '코스피'입니다. 영어 KOrea composite Stock Price Index의 약자예요. 코스피를 보면 코스피 시장에 있는 많은 주식의 주가가 전반적으로 어떻게 변했는지를 한눈에 파악할 수 있어요. 코스피가 오르면 코스피 시장이 전반적으로 강세였음을, 반대로 코스피가 내리면 약세였음을 알 수 있습니다.

코스닥 시장의 주가를 이용해 만든 지수가 코스닥 지수입니다. 이는 KOrea Secucities Dealers Automated Quotation의 약자예요.

🔍 #KOSPI #KOSDAQ #유가증권 #대기업 #중소기업 #벤처기업 #나스닥 #주가 #지수 #시장

052

증권회사

증권 거래를 도와주고
수수료를 받아요

주식에 투자하려면 '증권회사' 영업점을 방문해 자신의 이름으로 계좌를 만들어야 합니다. 예금하려면 은행 영업점을 방문해 계좌를 만드는 것과 마찬가지예요. 다만 주식 투자를 위해서는 은행이 아니라 증권회사를 방문해야 하는 거지요. 요즘에는 비대면으로 모바일 애플리케이션을 이용해 증권 계좌 개설을 할 수도 있는데, 이도 마찬가지로 은행 애플리케이션이 아니라 각 증권회사 애플리케이션을 이용해야 해요.

그렇다면 증권회사란 무엇을 하는 회사일까요? 이름 앞부분에 있는 '증권'이라는 말에 주목할 필요가 있어요. 증권은 '재산상 가치가 담겨 있는 증서'라는 뜻입니다. 쉽게 이야기하면, 돈으로서의 가치가 있는 증서가 증권입니다. 증권에는 여러 가지가 있는데, 주식이 그 가운데 하나예요. 주식에는 회사에 대한 지분 등이 표시돼 있고 주가에 해당하는 가치가 담겨 있으니까요.

뒤에서 자세히 이야기하겠지만, '채권'이라는 것도 증권 종류 가운데 하나입니다. 그렇지만 사람들은 증권 하면 대개 주식을 떠올려요.

증권회사가 하는 일을 알아보기 전에 집 주위에서 흔히 볼 수 있는 부동산중개소가 하는 일을 먼저 생각하면 도움이 됩니다. 집을 사거나 파는 사람, 전월세로 집을 구하거나 집을 빌려주는 사람은 서로 거래할 상대방을 어디서 구해야 할지 난감합니다. 서로 정보가 없어 집을 거래하기 무척 힘듭니다. 부동산중개소가 이 문제를 해결해주지요.

부동산중개소는 근처에 있는 집에 대한 정보를 모아두고 있습니다. 집을 사거나 전월세를 구하려는 사람은 부동산중개소를 방문하면 돼요. 이곳에 있는 정보를 바탕으로 부동산 중개업자의 도움을 받아 거래할 상대방과 집을 소개받고 계약을 체결합니다. 이러한 서비스를 제공한 대가로 부동산중개소는 중개 수수료를 받아요.

증권회사가 하는 역할도 이와 비슷합니다. 주식에 투자하려는 사람은 증권회사 영업점에서 계좌를 만들고 투자할 돈을 맡깁니다. 그리고 증권회사가 만든 컴퓨터 프로그램이나 모바일 애플리케이션을 설치한 뒤 주식을 사고파는 거예요. 주식 투자자는 주식을 거래할 때마다 증권회사가 개발한 매매 시스템을 이용해야 하므로 증권회사에 수수료를 냅니다.

이제 증권회사가 하는 일과 돈을 버는 방법을 이해할 수 있을 거예요. 증권을 발행하고 거래하는 일을 대신 해주거나 도와주고 수수료를 받아 돈을 버는 금융회사입니다.

앞에서 백 청년이 치킨 회사의 주식을 만들어 팔았다고 했지요? 백 청년이 직접 주식을 만들고 파는 게 아니라, 부탁받은 증권회사가 대신 주식을 발행한 뒤 치킨 회사에 투자할 주주들도 모아준답니다.

#증권 #증서 #채권 #중개 #정보 #계약_체결 #주식_거래 #수수료 #금융회사 #주주를_모아요

053

배당
주주님, 고맙습니다!

회사는 물건을 팔아 번 수입을 가지고 직원들 월급을 주고, 외상으로 부품을 구매한 거래처에 대금을 지급해줍니다. 정부에 세금을, 은행에 빌린 돈의 이자를 냅니다. 필요한 비용을 모두 지급하고도 남은 돈이 회사의 이익이에요. 주식회사는 이익을 두 가지 용도로 사용합니다. 첫째, 사업에 재투자하거나 미래의 사업 확장을 대비해 보관합니다. 나중에 쓰려고 비축하는 거지요.

둘째, 주주들에게 나눠줘요. 주주는 회사의 공동 주인이므로 회사의 이익을 공유하는 거예요. 이것을 '배당'이라고 말해요. 일정한 기준에 따라 이익을 나누어 주는 거지요. 따라서 배당은 주주만이 누릴 수 있는 기본 권리이자 혜택입니다. 주식을 많이 소유한 주주는 배당도 많이 받습니다.

회사가 이익을 배당으로 나눠 주기로 하면 몇 가지 긍정적인 효과가 생겨요. 돈을 투자한 주주가 있기에 이익이 가능했음을 인정하면서, 주주가 계속 주식을 보유하도록 유도할 수 있어요.

다음으로 배당은 회사의 인지도와 매력도를 높이는 데도 효과적이에요. 어느 주식회사가 배당한다는 소식이 전해지면 이 회사에 매력을 느끼고 새로 투자하려는 사람들이 생깁니다. 주주로서도 배당은 반가운 소식입니다. 배당금이 통장에 들어오면 당장 소득이 생기기 때문이에요. 마치 은행에 예금해서 이자를 받는 것처럼 주식에 투자한 덕분에 배당금이라는 보너스를 받습니다.

그렇다고 회사에 이익이 발생할 때마다 의무적으로 배당을 해야만 하는 건 아니에요. 배당을 많이 해주는 게 늘 바람직한 일도 아니고요. 배당을 많이 해줄수록 회사에 비축하는 돈이 줄어들기 때문입니다. 어느 사람에게 소득이 생겼을 때 전부를 소비하느냐 아니면 미래를 대비해 저축을 많이 하느냐의 문제와 비슷해요. 이익에서 배당을 많이 해주면, 언젠가 갑자기 경기가 나빠지거나 사업에 문제가 생기는 경우 돈이 충분하지 않아 회사가 어려움에 빠질 수 있다는 말이에요. 따라서 회사는 미래의 불확실성에 대비해 여유 자금을 충분히 보관하고 있어야 해요.

회사에 문제가 되지 않으면서도 주주와 이익을 공유하는 지혜가 필요해요. 주식회사가 경영 실적이 나빠서 손실을 기록하는 때도 있어요. 늘 좋은 일만 벌어지지는 않을 테니까요. 이처럼 회사에 손실이 발생하면 당연히 배당은 꿈도 꾸지 못할 일이지요.

🔍 #나눌_배 #주주들에게_나누다 #회사의_이익 #재투자 #비축 #배당금 #경영_실적에_따라

054

채권

돈을 빌렸습니다

백 청년과 회사 주주들은 치킨 사업에 햄버거 사업도 추가하면 회사가 더 번창할 거라고 판단했어요. 그래서 회사 건물도 더 큰 곳으로 옮기고 새 매장을 열기 위한 돈을 추가로 마련할 필요가 생겼습니다. 앞에서도 이야기했듯이 주식을 추가로 발행해서 새 주주를 더 모으는 방법으로 돈을 추가로 확보할 수 있습니다.

여기에서는 다른 방법을 말하려고 해요. 은행에 가서 돈을 대출받는 건 두 번째 방법입니다. 그러나 은행은 매우 까다로워서 돈을 쉽게 빌려주지 않아요. 예금자들의 소중한 돈을 함부로 빌려줘서 손실이 나면 큰일이니까요. 대출에 매우 신중하답니다.

만약 백 청년의 치킨 회사가 은행에서 대출받는 데 실패하면, 이제 세 번째 방법을 고려해야 합니다. 사람들에게서 직접 돈을 빌리는 방법이에요. 다행스럽게도 백 청년의 치킨 회사를 믿고 돈을 빌려주는 사람들이 나타나 치킨 회사는 돈을 빌릴 수 있었습니다. 이처럼 돈을 빌려줘서 원금과 이자를 받을 권리를 얻는 사람을 '채권자'라고 불러요. 돈을 빌려서 갚아야 할 의무가 있는 백 청년의 치킨 회사는 '채무자'가 되는 거고요.

돈을 빌린 채무자, 즉 치킨 회사는 돈을 빌렸다는 증서를 만들어서 채권자들에게 줍니다. 차용증서인 셈이지요. 이게 '채권'입니다. 채권에는 돈을 빌린 회사 이름, 날짜, 빌린 금액, 금리, 상환 날짜, 기타 조건 등이 명시돼 있어요.

'A 회사가 채권을 발행한다'는 다름 아니라 'A 회사가 돈을 빌린다'는 말입니다. 누군가가 'B 회사 채권을 샀다'는 'B 회사에 돈을 빌려줬다'는 말이고요.

채권은 정부가 공식적으로 인정하는 증권 가운데 하나이므로 아무나 발행할 수 없어요. 개인도 채권을 발행할 수 없죠. 우리나라에서 채권을 발행할 수 있는 곳은 정부, 금융회사, 정부가 인정하는 특별한 기관, 주식회사뿐입니다. 채권을 발행한 곳이 어디냐에 따라서 채권의 구체적 이름이 달라집니다. 정부가 발행한 채권을 '국채', 금융회사가 발행한 채권을 '금융채'라고 해요. 어렵지 않지요? 앞부분에 발행한 곳의 이름을 붙이는 식입니다.

그렇다면 주식회사가 발행한 채권의 이름이 무엇일까요? 짐작하듯이 '회사채'입니다. 백 청년의 치킨 회사는 회사채를 발행해 돈을 빌린 겁니다.

Q   #원금 #이자 #권리 #채권자 #채무자 #받을_권리와_갚을_의무 #국채 #금융채 #회사채

55

채권 투자

이자를 받거나
시세 차익을 노리거나

채권도 주식처럼 투자의 대상이 돼요. 그래서 채권을 사는 사람을 채권 투자자라고 부릅니다. 채권 투자자의 목적은 정부나 주식회사에 돈을 빌려줌으로써 수익을 벌려는 데 있어요.

채권 투자에서 돈을 버는 방법에는 두 가지가 있습니다. 먼저, 채권을 산 뒤 이자를 받는 거예요. 원금은 약속한 기간이 도래하면 돌려받고요. 은행에 정기예금해서 돈을 불리는 방법과 비슷합니다. 채권을 발행해서 돈을 빌린 정부나 주식회사는 반드시 채권에 적혀 있는 대로 이자를 줘야 해요. 설령 회사가 적자를 기록하더라도 말이에요. 채권자에 대한 최우선 의무이지요.

채권 투자에서 돈을 버는 두 번째 방법은 채권을 도중에 채권 시장에서 파는 거예요. 채권을 보유하고 있다가 샀을 때보다 채권값이 비싸지면 다른 사람에게 팔아버리는 거지요. 주식을 되팔아 시세 차익을 얻는 것과 마찬가지 방법입니다. 만약 채권값이 오르지 않는다면 그냥 계속 채권을 보유하면서 이자를 받고, 약속한 날짜에 원금을 돌려받으면 됩니다. 채권 투자는 정기예금만큼 안전하지는 않아요. 정기예금의 경우에는 이자는 물론이고 원금까지 안전하게 보장된다고 했어요. 설령 은행이 파산하더라도 예금자 보호 제도에 의해서 5천만 원까지 보장받아요.

하지만 채권은 달라요. 회사가 오랫동안 적자에서 벗어나지 못하면 파산하게 됩니다. 파산한 회사에는 빌린 돈을 온전히 갚을 여력이 없어요. 그래서 최악의 경우 채권자는 빌려준 돈을 한 푼도 돌려받지 못해요. 이자를 벌려다 원금을 날리는 불상사가 생기는 거죠. 그래서 채권을 사는 것도 '투자'라고 부릅니다.

채권 투자는 주식 투자보다는 '상대적으로' 안전해요. 회사가 파산하는 일이 흔한 일은 아니니까요. 하지만 은행 예금만큼 안전하지 않아요. 안전성을 놓고 본다면 채권 투자는 예금과 주식 투자 중간쯤 위치해요. 만약 정부가 발행한 국채에 투자한다면 정부가 망할 염려는 없으니 은행 예금 못지않게 안전합니다.

세상에 '안전한 투자'라는 건 없어요. 투자는 어느 정도 위험을 받아들이고 그에 따른 수익을 기대하는 행위예요. 따라서 '안전한 투자'는 모순이죠. 누군가가 정말 안전하다며 투자를 권유한다면, 절대 속아 넘어가서는 안 돼요.

🔍 #채권에_투자 #정기예금 #이자 #채권시장 #안전성 #파산_우려 #안전한_투자는_없어

056

상충관계

꿩을 먹으면
알은 포기해야지

투자하는 사람도 이왕이면 원금이 안전하게 보존되기를 원합니다. 회사채보다는 국채를 사고 싶나요? 그런데 경제학에 '공짜는 없다'는 원리가 있어요. 국채가 회사채보다 안전한 대신 금리가 낮아요. 위험이 적은 쪽을 선택했으니 그에 따르는 수익도 적다는 뜻이죠. 투자는 위험을 받아들이는 행위라고 말했어요. 위험을 극복하고 투자에 성공하면 대가로 많은 수익을 버는 거예요.

회사라고 해도 다 같지 않아요. 안전성과 수익성이 천차만별이죠. 세계적으로 알려지고 이익을 많이 버는 회사부터 적자에 허덕이는 회사까지 다양합니다. 안정적인 회사가 발행한 회사채와 아슬아슬한 회사가 발행한 회사채의 금리를 비교하면 어느 쪽이 높을까요? 만약 두 회사채의 금리가 같다면 모든 사람이 안전한 회사가 발행한 회사채만 살 거예요. 따라서 회사채마다 제시하는 금리가 달라요. 안전한 회사는 돈을 빌리면서 이자를 적게 준다고 해도 많은 사람이 돈을 빌려줘요. 파산 위험이 적으니 마음 편하게 기다리며 이자를 적게 받으려는 사람들이에요.

반면 아슬아슬한 회사는 돈을 빌리려면 이자를 많이 준다고 약속해야 합니다. 파산 위험이 큰데 이자까지 인색하면 어떻겠어요. 위험에 대해 보상해줘야 그나마 돈을 빌려주는 사람이 생깁니다. 이처럼 튼튼하고 수익성이 좋은 회사는 신용도가 높아 낮은 금리로 돈을 빌릴 수 있는 반면, 부실하고 수익성이 좋지 않은 회사는 신용도가 낮고 높은 금리로 돈을 빌려야 해요. 어느 회사가 발행한 회사채에 투자할 것인지는 투자자가 선택할 몫입니다.

한 가지만 명심하면 돼요. 안전한 쪽을 선택하면 수익이 적고 위험한 쪽을 선택하면 성공할 경우 수익이 많아요. 실패할 경우 크게 잃는다는 뜻이기도 해요. '안전함'과 '많은 수익'을 동시에 얻는 일은 불가능합니다. '꿩 먹고 알 먹고' 같은 일은 투자 세계에 존재하지 않아요. 이처럼 둘 중 하나를 선택하고, 다른 하나는 포기해야 하는 상황을 '상충관계'라고 불러요.

저녁에 유튜브를 많이 보면 잘 시간이 줄어들어 피곤해지고, 낮에 공부에 집중하기 힘들어져요. 반대로 잠을 많이 자면 유튜브를 볼 시간이 적어져요. 잠도 많이 자면서 유튜브도 많이 볼 수는 없어요. 둘은 상충관계에 있으니까요.

> Q #서로_어긋나는_관계 #안전성 #수익성 #다_가질_수는_없지요 #위험에_대한_보상 #신용도

투자 삼각형

수익이냐 안전이냐
그것이 문제로다

투자에 성공하려면, 아니 적어도 실패하지 않으려면 반드시 고려해야 할 3가지 원칙이 있어요. 알고 나면 별 게 아닌데, 이 기본 원칙조차 지키지 않아 큰 낭패를 보는 사람이 많답니다.

첫째, '수익성'이 좋아야 해요. 돈을 굴리는 최대 목적은 돈을 많이 벌기 위함이므로 이자를 많이 벌거나 시세 차익을 많이 얻어 수익을 늘릴 수 있는 금융 상품을 고르는 게 당연히 첫 번째 원칙이에요. 문제는 수익성 원칙만 따르고 다음의 2가지 원칙을 따르지 않는 투자자가 많다는 겁니다.

둘째, '안전성'도 중요해요. 원금이 안전하게 보존될수록 안전하다고 말하지요. 은행 예금은 원금이 보존되므로 안전성이 최고인 금융 상품입니다. 위험성의 반대말이지요.

셋째, '유동성'도 고려해야 해요. 금융 상품에 돈을 넣었는데, 갑자기 돈이 필요해지면 금융 상품을 팔아 돈을 마련해야 합니다. 얼마나 빠르게 현금으로 교환할 수 있느냐를 측정하는 게 유

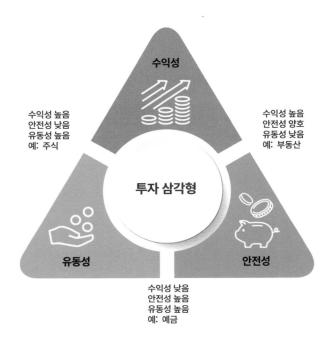

수익성

수익성 높음
안전성 낮음
유동성 높음
예: 주식

수익성 높음
안전성 양호
유동성 낮음
예: 부동산

투자 삼각형

유동성

안전성

수익성 낮음
안전성 높음
유동성 높음
예: 예금

⬆ 수익성과 안전성과 유동성

동성입니다. '환금성'이라 부르기도 해요.

가령 은행 예금은 언제든지 인출해 현금화할 수 있으므로 유동성이 뛰어납니다. 반면에 집이나 땅 같은 부동산은 거래하는데 오랜 기간이 걸리고 부동산 경기가 좋지 않으면 손해를 보고팔아야 하므로 유동성이 떨어지지요.

어떤 금융 상품에 투자할지를 고민할 때엔 수익성, 안전성, 유동성 세 가지를 반드시 고려해야 합니다. 물론 수익성도 좋고안전하면서 유동성까지 좋은 상품이 있다면 앞뒤 가릴 것 없이 그 상품에 투자해야겠지만, 그런 '환상적인' 상품은 이 세상에 없어요.

은행 예금은 안전성과 유동성이 최고예요. 그러나 수익성이 제일 낮아요. 이와 대조적으로 주식은 수익성이 괜찮은 편이고 주식시장에서 언제든지 주식을 팔 수 있으므로 유동성도 좋습니다. 그러나 손실 볼 가능성이 크므로 안전성이 매우 낮아요.

채권은 부실한 회사가 발행한 회사채를 제외하면 비교적 안전합니다. 특히 국채는 예금 못지않게 안전해요. 채권의 유동성은 중간 정도라 할 수 있어요. 주식시장만큼 활발하게 거래가 이루어지지 않기 때문이에요. 채권의 수익성은 주식보다 낮지만, 은행 예금보다는 약간 좋아요.

부동산은 어떨까요? 수익성이 괜찮은 편이에요. 비교적 안전한 편이지만, 집값이 내려가 손해 보는 경우도 종종 있어요. 부동산을 파는 일은 쉽지 않아서 유동성은 매우 낮습니다.

수익성, 안전성, 유동성의 삼박자를 두루 지닌 건 없답니다.

#수익성 #안전성 #유동성 #환금성 #은행_예금 #주식 #금융상품 #회사채 #부동산 #현금

058

포트폴리오
분산 투자로 위험을 줄여라!

수익성, 안전성, 유동성을 모두 충족하는 금융 상품은 존재하지 않아요. 이들 세 가지 특성 사이에는 상충관계가 있어서 하나를 얻으면 다른 걸 포기해야 합니다. 가령 높은 수익성을 원하면, 안전성을 포기해야 한다는 말이에요. 안전성을 포기한다는 말은 위험을 받아들여야 한다는 말과 같은 뜻이지요.

수익성, 안전성, 유동성 가운데 어떤 걸 추구할지는 각자 본인의 경제 상황을 고려해서 결정해야 할 문제입니다. 어느 게 제일 먼저라든지 어느 건 추구하지 말아야 한다는 규칙은 없어요.

다만, 일반적으로 권장하는 원칙이 하나 있어요. 세 가지 모두 중요하므로 하나라도 놓치지 않기 위해 돈을 여러 상품에 골고루 나눠 관리하라는 거예요. 즉, '분산 투자'를 하라는 겁니다.

이를테면 전 재산의 3분의 1 정도는 부동산에 투자해서 수익성을 높이면서 안전성도 확보합니다. 다만 부동산으로는 유동성을 기대하기 어려워요. 그래서 유동성 확보 차원에서 재산의 3분의 1 정도를 은행에 예금해두는 거예요. 필요한 일이 생기면 언제든지 찾아서 해결할 수 있으니까요. 다만 예금은 수익성 측면에서 아쉽습니다. 아쉬운 수익성을 메우기 위해 나머지 재산을 주식에 투자해 고수익을 추구하는 거예요.

이처럼 전 재산을 여러 곳으로 분산 투자하면 수익성, 안전성, 유동성을 고르게 충족할 수 있게 돼요. 주식시장이 침체하면 부동산에서 수익을 벌 수 있고 부동산 경기가 나쁘면 주식에서 돈을 벌 수 있어요. 마치 전래동화 속 '우산 장수와 짚신 장수' 같지요.

어느 개인이 투자한 상품의 목록을 '포트폴리오'portfolio라 불러요. 위의 투자 3분법은 포트폴리오 속에 예금, 부동산, 주식을 골고루 담으라는 권고입니다.

포트폴리오는 한마디로 분산 투자를 실천하는 거예요. 속성이 제각각인 여러 자산을 섞어서 투자함으로써 일정한 수익률을 유지하면서도 손실 위험을 줄이는 솔로몬의 지혜랍니다. "달걀을 한 바구니에 담지 마라"는 격언을 실천하는 거죠.

재산의 3분의 1을 주식에 투자할 때도 다시 분산 투자를 해서 주식 포트폴리오를 만들 필요가 있어요. 한 종목의 주식만 사는 게 아니라 몇 종목의 주식을 사라는 거예요. 한 종목에만 투자

#몰아서_투자는_NO #분산_투자 #유동성_확보 #고수익 #투자_상품_목록 #골고루_담자 #방어

할 때 겪을 수 있는 커다란 손실 위험을 피할 수 있습니다.

포트폴리오를 구성하는 목적은 수익률을 최대로 하는 데 있지 않아요. 손실 위험을 방어하는 측면이 강합니다. 하지만 안전성을 확보하지 않는 공격적인 투자는 궁극적으로 실패로 이어질 가능성이 크므로 방어를 통해 적당한 수익을 내는 게 현명한 투자 전략임을 명심할 필요가 있어요. 소극적인 투자 전략이라고 보지 말고, 치밀하고 장기적이고 합리적인 투자 전략이라고 평가하는 게 옳아요.

포트폴리오는 원래 여러 칸으로 구분된 서류 가방이나 서류철이란 뜻의 영어 단어에요. 칸막이로 서류나 문서를 적당히 분류해서 보관·휴대하는 용도로 사용하는 게 포트폴리오 가방이지요. 여기에서 유래해 오늘날 포트폴리오라는 용어는 여러 분야에서 쓰이고 있습니다. 예술이나 광고 분야에서 포트폴리오는 자신이 지금까지 만든 작품이나 업적을 모아 놓은 작품집을 의미합니다. 이 분야에 취직하려면 대개 지원자는 이력서 외에 본인의 포트폴리오를 제출해야 합니다. 작품 모음집을 통해 본인의 능력을 평가받는 거지요. 학교 입학부터 졸업까지 학생이 이룩한 학습 결과물을 일목요연하게 모아놓은 파일도 포트폴리오라 부릅니다. 이 외에 회사가 하는 여러 가지 사업 역시 포트폴리오입니다.

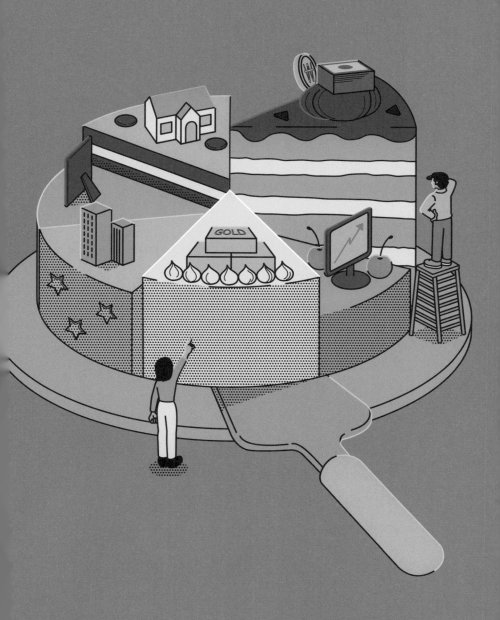

059

직접 투자
투자도 DIY

우리가 투자하는 방식에는 직접 투자와 간접 투자 두 가지가 있습니다. '직접 투자'는 투자자 본인이 상품을 직접 조사·분석하고 고르는 등 모든 의사결정을 본인이 책임지고 직접 하는 겁니다. 본인이 100% 자유롭게 선택하고, 혹시 마음이 바뀌면 아무 제약 없이 투자 대상을 바꿀 수 있다는 게 직접 투자를 할 때 제일 좋은 점입니다. 주위 여건이 변하거나 본인의 판단이 바뀌면 재빠르게 투자 계획에 반영할 수 있어요.

본인이 직접 의사결정을 하므로 다른 사람에게 수고료나 대가를 주지 않아도 돼서 비용이 적게 듭니다. 따라서 수익이 발생하면 전부 자신의 몫이 됩니다. 본인이 투자와 관련된 의사결정을 직접 하므로 공부하려는 책임감과 동기가 생기고 투자에 대한 전문 지식을 기를 수 있다는 것도 좋은 점입니다. 수익이 나면 자신의 역할이었다는 자부심과 성취감도 얻을 수 있지요.

양지가 있으면 음지가 있는 법입니다. 직접 투자에는 단점도 있어요. 투자 공부를 해도 개인이 전문적인 지식을 지니는 데는 아무래도 한계가 있죠. 더욱이 다른 직업을 가지고 일하면서 투자 공부를 병행한다면 공부할 시간을 내기 힘들고 도중에 포기할 우려도 크고요. 막연한 판단으로 잘못된 의사결정을 할 가능성도 큽니다. "선무당이 사람 잡는다"는 속담처럼, 어설프게 아는 사람이 직접 투자에 나선 끝에 낭패를 보는 경우가 생겨요.

혼자 힘으로 정보를 수집해야 하므로 정보력에도 한계가 있어요. 전문가 집단보다 정보량이 부족하니 높은 수익률을 달성하기 힘듭니다. 투자 관련 의사결정을 혼자 해야 하므로 버겁기도 하고요. 이 과정에서 겪는 스트레스와 멘탈 붕괴도 본인이 져야 할 몫입니다. 만약 직접 투자를 결심한다면, 전문가 못지않은 투자 지식을 쌓기까지 공부를 많이 해야 합니다. 전문 서적뿐 아니라 평소에 신문, 방송 등을 통해 경제 관련 기사를 꾸준히 읽으며 세상 돌아가는 모습도 숙지해야 해요. 본인에게 맞는 투자 원칙을 세우고 철저하게 지켜야 합니다. 또, 본인이 잘 아는 상품, 회사의 주식에 여윳돈으로 투자해야 합니다. 손실이 발생하더라도 지나치게 초조해하거나 잠을 설치는 등 스트레스를 받지 않아야 해요. 이러한 원칙을 지킬 자신이 없는 사람은 다음에 설명하는 '간접 투자'로 눈을 돌리는 게 좋아요.

Q #직접_책임지고_투자 #정보_수집 #수익률 #투자_지식 #공부 #원칙 #손실 #심리적_부담

간접 투자

전문 투자자에게 돈을 맡기면
대신 투자해주지요

직접 투자만 가능하다면 사람들은 엄청난 스트레스에 노출될 거
예요. 투자에 실패해서 좌절하는 사람들이 많이 생겨날 겁니다.
직접 투자에 자신 없는 사람들은 아예 투자라는 걸 하지 못하겠
지요.

다행히도 이들을 위한 투자 방식이 있어요. '간접 투자'입니
다. 전문 투자자에게 투자를 맡기는 거예요. 예를 들면 전문 투자
자가 운용하는 금융 상품에 가입해요. 그러면 전문 투자자가 고
객이 맡긴 돈으로 투자하고 그에 따른 수익을 고객에게 돌려주는
겁니다.

간접 투자에도 장단점이 있어요. 장점부터 볼게요. 관련 자격
과 전문적인 투자 지식이 풍부한 전문가를 활용할 수 있습니다.
투자 경험이 풍부하고 투자를 직업으로 하는 사람이므로 비전문
가보다 더 나은 의사결정을 할 가능성이 커요. 전문가에게 투자
를 맡겨 놓고 고객은 본인의 일에 집중하면 됩니다.

분산 투자가 가능하다는 점도 간접 투자의 장점이에요. 포트폴리오를 구성해 분산 투자하는 게 좋다고 했는데, 사실 개인은 이 원칙을 따르고 싶어도 따를 수 없는 경우가 많습니다. 대개는 개인이 가지고 있는 돈이 많지 않아 여러 자산에 분산해 투자하기 힘들기 때문이에요.

간접 투자는 다릅니다. 비록 한 명의 개인이 가지고 있는 돈이 적더라도 많은 사람의 돈을 모으면 큰돈이 돼요. 투자 전문가는 이 큰돈으로 원하는 만큼 분산 투자를 할 수 있지요. 덕분에 손실 위험이 줄어듭니다.

물론 간접 투자에 좋은 점만 있지는 않아요. 우선 전문가를 활용하는 게 공짜일 수 없습니다. 전문가를 활용하려면 비용을 내야 한다는 뜻이에요. 그래서 투자에서 발생하는 수익 전체가 내 몫이 되지 못하고, 그 가운데 일부를 전문가가 가져갑니다. 전문가를 활용한 것에 대한 대가이므로 이는 당연해요. 맡긴 돈에 손실이 나더라도 전문가 활용에 대한 비용을 내야 합니다.

간접 투자를 하면 본인의 의지대로 100% 운용하지 못한다는 것도 단점입니다. 돈을 맡겼지만, 본인이 생각하기에 이런저런 상품에 투자하면 좋을 것 같은데, 정작 전문가는 다른 상품에 투자할 때 속이 타기도 하고 답답하기도 해요. 어떤 경우에는 본인의 판단이 옳은 것으로 드러납니다. 간접 투자한 보람이 사라지는 거지요.

전문가라고 항상 맞는 판단을 하는 건 아닙니다. 지금까지 유능했다고 앞으로도 항상 투자에 성공한다는 보장이 없어요. 전문가도 신이 아니라 사람이니까요. 그래서 간접 투자한다고 늘 돈을 버는 건 아니랍니다.

061

펀드

한마음으로 한배를 타다

간접 투자를 하려면 전문가가 만들어놓은 간접 투자 상품에 돈을 넣어야 해요. '펀드'fund가 대표적입니다. 어떤 목적을 위해 여러 사람으로부터 모은 돈을 펀드라고 해요. 우리말로는 기금이라고 하지요. 홍수 피해를 당한 수재민을 도와주기 위해, 또는 연말에 불우이웃을 도와주기 위해 모금한 돈도 모두 펀드라 할 수 있어요. '수재민 펀드' 또는 '불우이웃돕기 펀드'인 셈이에요.

간접 투자와 관련해서 말하는 펀드는 물론 목적이 달라요. 모은 돈으로 투자해 수익을 남기겠다는 목적이 있거든요. 우리나라에는 만 개가 넘는 펀드가 있어요. 펀드마다 투자할 상품들, 각 투자 상품의 비중, 투자 원칙 등이 다 달라요. 예를 들면 주로 주식에 투자하는 주식형 펀드, 주로 채권에 투자하겠다는 채권형 펀드, 주식과 채권을 섞어 투자하겠다는 혼합형 펀드 등이 있어요.

물론 펀드가 주식과 채권에만 투자하는 건 아니에요. 부동산에 투자하는 부동산 펀드, 금에 투자하는 금 펀드, 영화, 드라마,

연예기획사 등에 투자하는 엔터주 펀드 등 펀드 종류도 무척 다양해요. 따라서 개인은 각 펀드의 성격을 보고 자신이 제일 이상적이라고 생각하는 펀드를 하나 골라 가입하면 됩니다.

펀드에 모인 돈은 한배를 탄 셈이에요. 돈의 주인은 다르지만 같은 목적으로 같은 곳에 투자되죠. 펀드 속 돈을 어느 곳에 얼마나 투자할지 등을 결정하는 전문가가 '펀드 매니저'fund manager입니다. 펀드 매니저는 투자에서 발생한 수익을 펀드 가입 고객에게 돌려줍니다. 물론 자신이 받을 대가를 뺀 다음에요. 펀드에도 손실이 발생하는 경우가 있는데, 손실 역시 고객에게 돌아갑니다. 펀드에 투자한다고 늘 수익률이 0보다 크지는 않다는 뜻이에요. 펀드에 가입하려면 은행이나 증권회사를 찾아가면 돼요. 그렇다고 은행이나 증권회사가 펀드를 직접 만들고 운영하는 건 아니랍니다. 펀드 매니저는 은행이나 증권회사에 속한 직원이 아니에요. 펀드를 만드는 곳은 '자산운용회사'라는 금융회사입니다. 영업점이 없어서 은행이나 증권회사에 펀드를 대신 팔아달라고 맡긴 거예요. 펀드는 투자 상품이므로 은행에서 팔더라도 예금자 보호 대상이 아니랍니다. 펀드에 넣은 돈에 손실이 발생하더라도 본인이 감내해야 합니다. 펀드 매니저나 펀드를 판 은행에는 책임이 없어요.

🔍 #간접_투자_상품 #기금 #모금 #채권형 #혼합형 #부동산 #펀드_매니저 #자산운용회사

062

72의 법칙

돈을 두 배로 늘리려면
기간이 얼마나 걸릴까?

지금 가지고 있는 종잣돈 100만 원을 두 배로 불리려는 목표를
세운 사람이 있다고 해봅시다. 수익률(금리)이 2%인 정기예금에
넣으면 목표를 달성하기까지 몇 년이 걸릴까요?

　매년 이자가 2만 원씩 불어나므로 100만 원을 200만 원으로
불리려면 무려 50년이 필요합니다. 만약 수익률이 10%인 상품
이라면 10년이 필요하지요.

　지금까지는 이자를 단리로 계산할 때의 이야기입니다. 우리
에겐 복리라는 축복이 있음을 기억하고 있을 거예요. 만약에 복
리로 돈을 굴린다면, 수익률이 10%인 상품에 가입해 약 7년 후
에 돈이 두 배가 돼요. 복리 계산기를 두드려 이 말이 사실인지 확
인해 보세요.

　그런데 복리 계산기를 이용하지 않고서도 돈이 두 배가 되는
데 필요한 기간을 간단하게 대략 계산하는 공식이 있답니다. '72
의 법칙'rule of 72이라고 부르는 거예요. 숫자 72를 수익률로 나누

면 됩니다.

$$\text{돈이 두 배 되는 연수} = \frac{72}{\text{수익률}(\%)}$$

예를 들어 현재 100만 원을 수익률이 2%인 곳에 투자한다면 36년 후에 돈이 두 배로 불어납니다. 단리로 운용했을 때의 50년보다는 훨씬 짧게 걸리는 거지요. 만약 수익률이 6%라면 12년 후에 돈이 두 배가 됩니다.

72의 법칙은 다음처럼 표시할 수도 있어요. 이번에는 숫자 72를 돈을 두 배로 만들려는 목표 연수로 나누는 거예요. 목표 달성을 위해 매년 어느 정도의 수익률을 얻어야 하는지를 계산할 수 있습니다.

$$\text{수익률}(\%) = \frac{72}{\text{돈이 두 배 되는 연수}}$$

돈을 10년 만에 두 배로 불리고 싶으면 매년 7.2%의 수익률을 거두어야 한다는 결론에 이릅니다. 만약 5년 만에 두 배로 불리려면 매년 14.4%라는 높은 수익률을 달성해야 하고요. 매우 편리하고 유용한 공식이지요?

$\mathbb{Q}$ #수익률 #금리 #종잣돈 #단리 #복리 #계획 #목표_달성 #돈_관리 #수익률 #달성

수익률이 3%인 상품에 가입하면 돈이 두 배 되는 데 24년이 필요하지만, 수익률이 4%인 상품에 가입하면 18년이 필요합니다. 수익률 1%의 차이에 무려 6년이라는 기간을 단축할 수도 반대로 더 기다려야 할 수도 있어요. 돈을 불리는 데 있어 수익률이 얼마나 중요한지를 보여줍니다.

목표를 조기에 달성하려면 수익률이 높은 곳에 투자해야 합니다. 단, 수익률이 높으면 위험성도 크므로 신중해야 합니다. 따라서 제일 중요한 건 지금 당장 돈 관리를 시작하고 저축하는 거예요. 빨리 시작할수록 이른 시기에 목표를 달성할 수 있기 때문입니다.

복리를 계산하는 식을 바탕으로 위에서 말한 수익률과 돈이 두 배 되는 연수 사이의 관계를 나타내는 식을 도출할 수 있어요. 그런데 복리 계산을 일 년에 한 번 하느냐, 한 달에 한 번씩 하느냐, 아니면 매일 하느냐에 따라 분자에 놓이는 숫자가 조금씩 달라집니다. 복리 계산을 자주 할수록 분자의 숫자는 69에 가까워져요. 그래서 어떤 사람들은 분자에 숫자 69를 쓰고 '69의 법칙'이라고 부릅니다. 어떤 사람은 외우기 쉬운 숫자 70을 쓰고 '70의 법칙'이라고 부르기도 합니다. 하지만 숫자 69나 70보다 72에 약수가 더 많아서 대부분은 '72의 법칙'을 씁니다. 같은 이유로 이 책도 72의 법칙을 쓰고 있고요. 어차피 대략 계산하려는 목적이므로 어느 법칙을 사용하든 큰 차이가 없답니다.

063

위험 관리
위험을 피할 수 없다면
위험을 관리하자!

"차 다니는 길은 위험하니까 조심해."
"밤은 위험하니 일찍 다니렴."

　어른들이 여러분에게 습관처럼 하는 말들입니다. 보통은 신체가 다칠 가능성이 있으면 '위험'하다고 말하죠. 영어로는 'danger'에 해당해요. 경제나 금융에서 말하는 '위험'은 이와 전혀 관련이 없지는 않지만, 다른 뜻으로 사용해요. '돈이나 재산에 손실이 나타날 가능성이 있을 때 위험'하다고 말해요. 이런 의미에서 영어로 'danger'가 아니라 '리스크'risk에 해당합니다.

　자발적 의도 때문에 손실이 나는 건 위험이라고 하지 않아요. 가령 친구에게 맛있는 만두를 사줬다고 해서 위험이 발생했다고 말하지 않지요. 용돈에 손실이 난 건 맞지만, 본인의 뜻에 따라 자발적으로 만두를 사줬기 때문이에요. 경제적으로 위험이란 본인이 원하거나 의도하지 않음에도 돈이나 재산에 손실이 나는 걸 말합니다. 그런 경우가 정말 있을까요? 곰곰이 생각해보면 그런 위험이 생각보다 많이 그리고 다양하게 우리 일상생활 속에 도사리고 있음을 알 수 있어요.

먼저 투자를 생각해볼게요. 투자에는 위험이 따른다고 했지요. 투자한 자산의 가치가 떨어져 원금에 손실이 발생할 가능성이 늘 존재하기 때문입니다. 투자 위험이 싫은 사람은 돈을 투자하는 대신 은행에 예금하면 위험을 피할 수 있어요. 또 투자에 나서더라도 분산 투자를 하면 위험을 줄이는 데 도움이 됩니다.

위험 가운데는 우리가 아무리 노력해도 도저히 피할 수 없는 것도 많이 있답니다. 가령 자연재해가 그래요. 태풍이 닥치면 집이 망가지고 침수돼 가전제품과 가구를 버려야 해요. 애써 키운 농작물도 피해를 봐요. 그렇다고 태풍 경로를 마음대로 바꿀 순 없습니다. 산불, 지진, 가뭄 등도 마찬가지죠. 더 나아가 질병이나 사고라는 위험도 늘 도사리고 있어요. 중병에 걸리거나 교통사고를 당하면 수술비나 입원비로 많은 돈을 써야 해요. 코로나바이러스에 감염되면 돈을 벌지 못하고 집에 격리돼 있어야 해요.

따라서 위험을 관리할 필요가 있어요. '위험 관리'를 체계적으로 잘하는 사람은 안전하고 편안한 삶을 살 수 있습니다. 위험 관리는 돈 관리에서 빼놓을 수 없는 중요한 하나의 축이에요.

Q #리스크 #손실 #비자발적 #투자 #원금_손실 #분산_투자 #안정성 #자연재해 #피할_수_없어

064

보험회사
돈을 지키는 비법이란?

살아가면서 위험 자체를 피할 도리는 없어요. 아무리 기도해도 병에 안 걸리는 사람은 없고, 신이 아닌 이상 태풍이나 지진 피해를 원천적으로 막을 방법도 없습니다. 인간은 만물의 영장이니 손 놓고 있을 리 없습니다. 오랜 역사와 경험을 통해 위험으로 인해 발생하는 손실을 이겨낼 수 있는 비법을 만들었죠.

비법은 바로 '보험'입니다. 건강 보험을 비롯해서 자동차 보험, 화재 보험, 암 보험 등 보험이란 말을 들어봤을 거예요. 어느 집이든 보험에 가입해 있을 테고요. 보험 상품을 팔고 운용해서 돈을 버는 금융회사가 '보험회사'입니다. 보험은 말 그대로 '위험으로부터 보호한다'는 뜻이에요. 보험은 위험 자체가 발생하지 못하게 막는 게 아니라, 위험 때문에 겪는 돈의 손실을 보상해줌으로써 경제생활을 안정적으로 유지할 수 있게 도와주는 겁니다.

보험회사가 보험을 팔고 가입자를 지켜주는 원리는 단순해요. 암을 예로 들어 생각해볼게요. 암이 발생하면 들어갈 수술비,

치료비, 간병비가 만만치 않아 모든 사람이 걱정하며 삽니다.

이런 사람들을 위해 보험회사가 암보험이라는 상품을 만들었고, 사람들이 매달 '보험료'로 몇만 원씩 보험회사에 냅니다. 수백만 명의 사람이 보험료를 내므로 큰돈이 돼요. 보험회사는 이 돈을 잘 관리하고 있다가, 보험 가입자 가운데 암에 걸린 사람이 생기면 수술비나 치료비에 쓰라고 '보험금'을 지급해요. 만약 암보험에 가입하지 않았다면 자신의 예금을 찾거나 주식, 집을 팔아서 수술비와 치료비를 마련해야 했을 거예요. 병은 치료하더라도 그동안 모은 돈의 상당 부분이 사라져 재산에 손실이 발생하겠지요. 다행히 보험에 가입한 사람은 재산상 큰 손실 없이 일상생활을 다시 할 수 있어요. 돈을 지킨 거지요. 이게 보험의 역할이랍니다. 자신이 낸 보험료는 누군가가 암 수술과 치료를 받아 건강을 회복하는 데 유용하게 쓰였어요. 비록 모르는 사람이지만 도움이 됐으니 보람도 있어요. 이처럼 보험에는 상부상조의 정신이 깃들어 있답니다.

'보험료'와 '보험금'은 한 글자만 달라 헷갈리지만, 잘 구분해야 해요. 보험료는 보험 가입자가 보험회사에 내는 돈이에요. 보험금은 위험이 발생했을 때 보험회사가 지급하는 돈, 즉 피보험자가 받는 돈입니다.

Q   #피할_수_없다면_대비하자 #위험으로부터_보호 #보험_상품 #보험금 #보험료 #피보험자

065

해상 보험
근대 보험의 시작은 바다에서!

보험이 언제 어디에서 누구에 의해 시작됐는지는 정확히 알려진 게 없어요. 다만 기록을 보면 보험과 비슷한 기능을 한 제도나 관습을 여러 지역에서 찾아볼 수 있답니다. 사람이 사는 게 크게 다르지 않았나 봐요. 로마 시대에는 뜻이 맞는 사람들끼리 조합을 결성해 조합원은 매월 일정한 돈을 조합에 냈고요. 이 돈으로 사망한 조합원의 장례를 치러주고 유족에게는 생활비를 줬어요.

보험이라는 이름이 붙지는 않았지만, 지금의 보험이 하는 일과 성격이 매우 비슷합니다. 우리나라에도 이와 비슷한 게 있어요. '계'라는 전통적인 협동 조직입니다. 돈이나 곡식 등을 얼마씩 거두어두었다가 구성원에게 비상 상황이 닥치면 내줬어요. 계는 구성원을 위해 일손까지 지원해주었다는 점에서 지금의 보험과는 거리가 있습니다. 하지만 공동체 구성원의 복지 증진을 목적으로 했다는 점에서 보험 같은 역할을 했다고 볼 수 있어요.

오늘날과 비슷한 근대 보험이 등장한 건 중세입니다. 대항해

시대로 유명하지요. 해상 무역을 하는 상인들은 배에 전 재산을 걸었어요. 그런데 해상 무역에는 심각한 위험이 따랐어요. 나무로 만든 배, 미흡한 일기예보, 덜 발달한 항해 기술, 여기에 해적까지. 항해를 무사히 마치지 못해 전 재산을 잃어버리는 상인이 많았답니다. "재산을 잃어버린 동료 상인들이 보상받아 재기할 수 있는 뾰족한 방안이 없을까?" 하는 것이 상인들의 고민이었죠. 자신에게도 언제든지 닥칠 수 있는 일이었으니까요. 이에 일부 상인이 평소에 돈을 모아놓자는 아이디어를 제시했어요. 그리고 배가 침몰하거나 해적에게 물건을 약탈당하면 모아둔 돈으로 보상해줬지요. 덕분에 피해를 본 상인은 재기할 수 있었어요. 이것을 근대 보험의 시작으로 봅니다. 항해와 관련한 사고 피해를 보상해주는 '해상 보험'이 시작된 거죠.

해상 보험이 인기를 끌자 전문 보험업자와 보험회사가 등장했습니다. 이후 보험은 영국에서 크게 발달했어요. 지금도 영국에는 세계적인 보험회사가 많아요. 그 계기는 17세기 런던에서 있었던 대화재였습니다. 집이 대부분 나무로 지어진 탓에 화재가 5일이나 계속돼 10채 가운데 8채가 타버렸대요. 집이 불탄 사람들은 빈털터리가 됐지요. 이를 교훈 삼아 런던 시민들은 '화재 보험'에 가입하기 시작했고 보험회사들이 속속 생겨났습니다.

Q #영국 #항해 #조합 #계 #일손_지원 #복지_증진 #근대_보험 #재기할_기회 #화재_보험

보장성 보험
보험은 예금도 투자도 아니야

어느 운전자가 자동차를 몰다가 사고를 냈다고 가정해봅시다. 만약 보험이 없다면 수백만 원에서 수천만 원에 이르는 비용을 스스로 책임져야 해요. 돈을 벌려고 자동차를 몰며 일하는 건데, 버는 돈보다 쓰는 돈이 더 많이 들어갈지도 몰라요.

이런 일에 대처하려고 만든 게 자동차 보험입니다. 우리나라에서는 자동차 운전자라면 자동차 보험에 의무적으로 가입해야합니다. 운전자는 대개 일 년에 수십만 원의 보험료를 내요. 자동차 보험에 가입한 운전자 대부분은 1년 동안 한 번도 사고를 내지 않아요. 그렇다면 사고를 내지 않은 운전자는 본인이 낸 보험료를 나중에 돌려받을 수 있을까요?

보험료는 돌려받는 돈이 아닙니다. 보험료는 사고를 낸 다른 운전자에게 준 보험금으로 쓰였어요. 보험회사에는 돈이 남아 있지 않답니다. 보험은 예금이 아니에요. 각자 낸 보험료는 보험회사 금고에 고스란히 보존돼 있지 않고, 대부분은 보험금으로 지급됩니다. 사고를 내지 않은 사람은 사고가 없었다는 행복감을 얻는 것으로 그칩니다. 그리고 다음 해가 되면 다시 1년 치 보험료를 새로 내야 합니다. 사고를 내지 않아 보험금을 타지도 못하고 자신이 낸 보험료도 돌려받지 못하므로 보험은 낭비라 생각하면 안 돼요. 보험에 가입하면 손해라고 생각해도 안 돼요.

위험이 언제 어디서 누구에게 닥칠지 아무도 몰라요. 수년간 사고가 없었다고 그리고 운전에 자신 있다고 앞으로도 자동차 사고가 나지 않는다는 보장이 없어요. 위험은 당장 내 앞에 있을 수 있습니다. 혹시나 있을 수 있는 미래의 위험에 대비하는 게 보험입니다. 보험은 돈을 저축하는 게 아니라, 위험 보장을 위해 돈을 쓰는 거예요. 그래서 '보장성 보험'이라고 해요. 보험에 가입한 덕분에 자동차 사고 처리비용을 걱정하지 않고 편안하게 일상생활을 할 수 있는 겁니다. 보험료는 이에 대한 대가인 셈이지요.

'저축성 보험'이라는 게 있기는 해요. 사고 위험도 보장해주면서, 고객이 낸 보험료 가운데 일부를 일정 기간이 지나면 예금처럼 돌려주는 보험이에요. 보험과 저축이 합쳐진 거지요.

그렇다면 무조건 저축성 보험에 가입하겠다고요? 위험 보장과 저축 기능을 함께 하므로 위험 보장만 해주는 보장성 보험보다 보험료가 비쌉니다. 공짜가 아니에요.

Q #자동차_보험 #의무_가입 #보험금 #위험_대비 #보장성_보험 #저축성_보험 #보험료

생명 보험

세상에는 많은 위험이 있지만 보험의 종류도 많고 다양해!

위험의 종류는 참으로 많고 다양해요. 교통사고, 코로나 감염, 골절, 화상, 암, 화재, 홍수, 지진, 비행기 추락 등 일일이 나열하기 힘들 정도예요. 심지어 번개나 우박에 목숨을 잃을 위험도 있고 가지고 다니는 휴대전화를 떨어뜨려 액정 화면이 깨지는 위험도 있습니다.

위험의 종류가 워낙 많다 보니 모든 위험을 한꺼번에 다 보장해주는 만능 보험은 없어요. 만능 보험이 되려면 우리가 내는 보험료가 매달 수백만 원은 돼야 할 거예요. 이처럼 비싼 보험료를 감당할 수 있는 사람은 거의 없지요.

그래서 보험회사는 위험 종류별로 보험 상품을 만들어 판매하고 있습니다. 보험이 중요하다고 무작정 이 보험 저 보험에 많이 가입하는 일도 현명하지 못합니다. 보험료 부담이 커 일상생활에서 소비할 돈이 부족해지니까요.

따라서 자신에게 발생할 가능성이 큰 위험이 무엇인지를 잘 따져서 이를 보장해주는 보험부터 선택적으로 가입해야 합니다. 예를 들어 스트레스를 많이 받으며 일하는 사람은 건강 관련 보험에, 몸을 많이 쓰는 일을 하는 사람은 신체 관련 보험에 가입해야겠지요.

이 책에서 보험의 종류와 이름을 모두 말하고 설명할 수는 없어요. 그래서 보험의 대분류에 해당하는 '생명 보험'과 '손해 보험' 중심으로 얘기할 거예요.

생명 보험은 사람이 사망하거나 암, 뇌졸중 등 특정한 질병에 걸렸을 때 경제적 보상을 해주는 보험을 모두 합쳐 부르는 말이에요. 죽고 사는 문제에 대비하는 보험이라는 뜻입니다. 암 보험, 종신 보험, 치매 보험 등이 생명 보험에 해당하지요. 생명 보험 상품을 주로 취급하는 보험회사의 이름은 대개 'ㅇㅇ생명' 식으로 되어 있습니다.

손해 보험은 재산에 피해가 발생했을 때 경제적으로 보상을 해주는 보험을 부르는 말이에요. 물건의 금전적 손실에 대비하는 보험이라는 뜻이지요. 화재 보험, 자동차 보험, 해상 보험, 여행 보험 같은 거예요. 손해 보험 상품을 주로 취급하는 보험회사 이름은 'ㅇㅇ화재' '△△손해' 식으로 되어 있습니다.

사고가 발생하면 손해를 입은 재산의 가치가 얼마인지를 평가해서 보험회사는 보험금을 다르게 지급해요. 이때 손해 정도를 평가하고 피해 금액을 파악해 보험금을 산정하는 일을 하는 사람

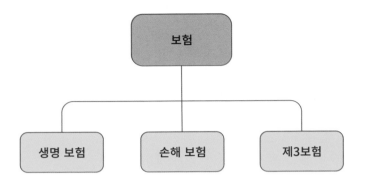

↑ 보험의 큰 분류

이 '손해사정사'랍니다.

'제3보험'이란 것도 있어요. 생명 보험과 손해 보험의 성격을 모두 지니고 있어 어느 쪽으로도 분류하기 힘들어 생겨난 분류입니다. 실손 의료보험(실비보험)이나 간병 보험이 제3보험에 속해요.

사회보험

국가가 만들고 운영해요

지금까지 얘기한 보험은 모두 보험회사가 만들어 판매하는 것들이에요. 다가올 위험에 대비하고 싶은 사람은 자발적으로 보험료를 내고 보험에 가입하면 됩니다. 굳이 필요성을 느끼지 못하면 가입하지 않고요. 일반 기업, 즉 민간이 운영하는 보험회사가 판매하므로 '민영보험'이라고 불러요.

　본인의 의사와는 관계없이 법에 따라 강제적으로 가입해야 하는 보험도 있어요. 국가가 만든 보험으로, '사회보험'이라고 해요. 보험회사들이 많은 종류의 보험을 판매하고 있는데, 국가가 나서서 보험을 직접 만드는 이유가 뭘까요? 돈에 여유가 있고 보험의 중요성을 인지하는 사람은 민영보험에 자발적으로 가입해서 각종 위험에 대비해 안정적인 삶을 누립니다. 하지만 보험료가 부담되는 취약계층이나 보험의 중요성을 미처 인지하지 못하는 사람은 보험에 가입하지 않아요. 그러다 위험이 발생하면 타격을 고스란히 받게 됩니다. 가령 치료비가 없는 사람이 암에 걸리면 수술받지 못하겠죠. 소득이나 모아 놓은 재산이 적은 사람이 해고되고, 고령이 돼 일할 수 없게 되면 바로 빈곤층으로 추락합니다. 국민의 불행을 국가가 구경만 하고 있으면 안 되겠죠.

국가가 보험을 직접 제공하는 또 다른 이유는 민간 보험회사가 제공하는 보험이 불완전하기 때문이에요. 보험회사는 이윤을 추구하므로 질병이나 사고 확률이 높은 사람이 보험에 가입하는 걸 기피해요. 예를 들어 일정 나이 이상이 되면 암보험에 가입하지 못하도록 하죠. 보험에 가입하고 싶어도 가입하지 못하는 사람들이 생겨요. 이런 문제들을 해결하려고 국가가 직접 나선 것입니다. 질병, 고령, 실업 등은 사람이 일생에서 직면하는 기본적인 위험입니다. 모든 국민이 이런 위험에 대비할 수 있도록 국가가 직접 보험을 설계하고 운영하는 거예요. 국민의 복지 증진에 도움이 되므로 일종의 사회보장제도라 할 수 있습니다.

세계 최초로 사회보험을 도입한 나라는 독일이에요. 19세기 급속한 산업화로 노동자 계층이 대량 생겨나자 이들을 위해 '철의 재상'이란 별명을 지닌 비스마르크가 1883년에 질병 보험, 1884년에 산업 재해 보험을 연이어 도입했죠. 독일의 사회보험은 자연스럽게 이웃 영국에도 영향을 주었어요. 영국은 1911년에 건강 보험에 더해서 실업자를 위한 실업 보험까지 도입했습니다.

🔍 #국가가_만든_보험 #사각지대 #사회적_안정 #질병 #고령 #실업 #사회보장제도 #비스마르크

대한민국 5대 사회보험

국민의 소득과 건강을 보장하는
사회의 울타리

사회보험은 자격이 되는 국민이라면 싫으나 좋으나, 경제적 여유가 있으나 없으나 의무적으로 가입해야 합니다. 우리나라 사회보험에는 5가지가 있어요.

첫째, 국민연금이에요. 국민연금은 18세 이상의 모든 국민을 대상으로 하는데, 소득이 있을 때 소득의 일정 비율의 돈을 보험료로 내게 했다가, 나이가 들어 은퇴하거나 장애가 생겨 일할 수 없는 상태가 되면 연금을 지급함으로써 최소한의 소득을 보장하려는 취지입니다. 노후에 생활비가 부족해지는 위험에 대비하는 보험이죠.

국민연금 가입자 가운데 연금 개시 연령에 도달한 사람에게는 노령 연금, 사망에 따른 소득 상실을 보전하기 위해 유족에게는 유족 연금을 지급해요. 사고 등으로 오랫동안 일할 수 없는 상태가 된 사람에게 지급하는 장애 연금도 있어요.

둘째, 건강 보험이 있어요. 역시 모든 국민을 대상으로 합니

↑ **5대 사회보험의 종류**

다. 질병이나 부상으로 인한 진료비가 과도한 부담이 되지 않도
록 만든 보험이에요. 국민건강보험공단이 관리하며, 소득에 비례
해서 보험료를 거둡니다. 병에 걸려 치료가 필요한 국민에게 치
료비, 입원비, 약값의 일부를 제공해줌으로써 필요한 의료 서비
스를 온 국민이 받을 수 있도록 합니다.

셋째, 고용 보험이에요. 국민연금이나 건강 보험과 달리 근로
자만을 대상으로 해요. 근로자는 매월 받는 월급 가운데 일부를
보험료로 냅니다. 회사 경영이 어려워져 부득이하게 실업자가 된
사람에게 생활 안정을 위해 보험금을 지급해줘요. 다만 본인의
잘못이나 불법 행동으로 해고당하거나, 정당한 사유 없이 스스로
퇴직한 경우엔 보험금을 받지 못해요. 또, 실업자가 직업 훈련을
받을 수 있게 교육비를 지원해줍니다. 새로 고용을 늘리는 회사
에는 인건비 일부를 지원해 고용 확대를 유도해요.

넷째, 산재 보험(산업재해 보험)이 있어요. 역시 직장에서 일
하는 사람을 대상으로 합니다. 직장에서 작업하는 도중에 다치면
치료비를, 사망하면 사망 보험금을 지급함으로써 근로자와 그 가

족의 생활을 지원하는 게 목적이에요.

지금까지 이야기한 4개가 이른바 '4대 사회보험'입니다. 최근에는 여기에 아래의 하나를 추가해서 5대 사회보험이 됐어요.

노인 장기 요양 보험이에요. 노화, 치매, 중풍 등 노인성 질환 때문에 혼자 힘으로 일상생활을 유지하기 어려운 사람을 위해 식사, 목욕, 세탁, 청소, 간호 등 여러 가지 가사 지원 서비스를 제공해주는 보험입니다.

#사회보험 #모든_국민 #건강_보험 #고용_보험 #산업재해_보험 #노인_장기_요양_보험

연금

지금을 즐기라고?
노후 생활의 안전장치가 필요해

'연금'이란 경제활동을 하는 기간에 버는 소득 가운데 일부를 떼어내 적립한 뒤 이를 노후에 돌려받는 돈입니다. 소득을 벌기 힘든 노후의 안정적인 생활을 위해 마련된 제도이지요.

젊었을 때 돈을 벌고 있음에 도취해서 연금의 필요성을 제대로 인식하지 못하는 사람이 많아요. "지금을 즐겨라" 하는 식으로 버는 족족 다 써버리는 거지요. 그러나 누구에게나 일할 수 없는 노후가 다가와요. 연금은 이때를 대비한 필수품입니다.

앞에서 얘기한 국민연금이 대표적이에요. 만약에 국민연금이 충분하게 지급된다면 따로 노후 대비를 할 필요가 없을 거예요. 그러나 국가가 지급하는 연금은 만족할 만큼 충분하지 못한 게 현실이에요. 씀씀이와 생활 수준도 개인마다 달라 국민연금 하나로는 원하는 노후 생활을 유지하지 못할 수 있어요.

그러니 노후 생활을 국가에만 의존해서는 안 돼요. 각자 필요에 따라 연금을 추가로 준비해야 합니다. 국민연금 외에 별도의

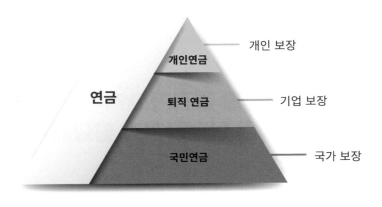

↑ 연금의 3층 구조

안전장치를 마련하는 거예요.

세계은행World Bank이나 경제협력개발기구OECD는 3층으로 이루어진 연금 체계가 필요하다고 제안했어요. 노후에 안정적인 생활을 유지하기 위해서는 적어도 3개의 연금이 필요하다는 거예요. 국가가 보장하는 국민연금이 1층에 해당합니다. 그리고 회사가 보장하는 연금이 2층, 개인이 준비하는 연금이 3층입니다.

1층인 국민연금에 대해서는 앞에서 말했으므로 2층부터 볼게요. 회사가 보장하는 연금에 가입하려면 당연히 직장인이 돼야해요. 근로자가 회사에서 퇴직할 때 회사는 퇴직금을 지급합니다. 옛날에는 목돈으로 한꺼번에 퇴직금을 줘 퇴직 이후의 생활에 활용하도록 했어요. 그런데 이 돈으로 사업하거나 투자한 끝에 실패해 노후 자금을 몽땅 날려 노후 생활이 어려워지는 사례가 빈번하게 발생했답니다.

이런 문제를 해결하기 위해 우리나라는 '퇴직 연금'을 도입했어요. 퇴직금을 한꺼번에 주지 않고, 일정 나이가 된 이후에 연금 형태로 나눠주는 거예요.

마지막으로 '개인연금'은 개인이 스스로 판단해서 금융회사가 판매하는 연금 상품에 가입하는 겁니다. 그리고 일정 나이가 되면 조금씩 연금으로 돌려받아요.

자영업자는 회사에 다니지 않으므로 2층에 해당하는 퇴직연금을 준비할 수 없겠지요. 따라서 개인연금을 더 두텁게 준비해야 노후 생활을 안정적으로 유지할 수 있습니다.

071

도덕적 해이

보험이 위험을 부른다니?

위험을 보장해주는 보험은 좋은 제도입니다. 보험에 가입하고 나면 한결 마음이 편해져요. 기댈 곳이 생겼기 때문이지요.

그런데 예상하지 못한 부작용이 있어요. 보험에 가입하기 전에는 위험을 피하려고 조심에 조심을 거듭하던 사람들이 보험에 가입하고 난 뒤 생활 태도가 느슨해지는 거예요. "문제가 생기면 보험이 알아서 해결해주니까" 하는 심리가 작용한 결과입니다.

이런 현상을 '도덕적 해이'moral hazard라고 불러요. 번역하지 않고 그냥 '모럴 해저드'라고 부르는 사람도 많아요. 보험에 가입한 다음부터 본인의 도덕적·윤리적 의무를 다하지 않는 현상입니다. 예를 들면 집을 화재 보험에 가입한 사람들이 집에 화재가 발생하지 않도록 조심하는 노력을 덜 해요. 자동차 보험에 가입한 운전자는 과감하게 운전합니다. 그 결과 화재와 자동차 사고가 빈번하게 발생합니다. 위험을 보장하려고 만든 보험 때문에 위험이 더 빈번하게 나타나는 거예요.

도덕적 해이를 확인할 수 있는 실제 사례를 볼게요. 미국 생명 보험은 보험에 가입한 후 24개월 이내에 자살하면 보험금을 지급하지 않아요. 보험금을 노리고 보험에 가입하는 걸 방지하기 위함이죠. 그런데 보험에 가입한 뒤 25개월부터 보험 가입자의 자살률이 크게 높아집니다. 우연의 일치라고 보기 힘들어요.

보험회사들은 보험 가입자의 도덕적 해이를 줄이기 위해 묘안을 하나 떠올렸어요. '공제'라는 제도를 만든 거예요. 가령 1천만 원의 손실이 발생할 때 보험회사는 백만 원을 공제한 뒤 나머지 9백만 원만 지급하는 거예요. 백만 원은 보험 가입자가 부담해야 합니다. 보험 가입자는 공제에 해당하는 금액을 다시 부담하는 게 싫어서 보험에 가입한 다음에도 위험이 발생하지 않도록 계속 경각심을 가지고 조심스럽게 생활합니다.

우리나라 건강 보험에도 공제가 있어요. 감기에 걸려 병원에서 진료를 받으면 4천 원 내외의 돈을 내요. 이는 건강 보험에서의 '공제'에 해당하고, '환자 본인 부담금'이라고 부릅니다. 만약 본인 부담금이 없다면 병원 진료에 돈이 전혀 들지 않으니 아프지 않아도 병원을 마구 이용하는 도덕적 해이가 나타날 거예요. 그러면 정말로 진료받아야 하는 환자들이 진료를 제대로 받지 못하며 건강 보험 적립금이 금세 고갈되는 문제도 생깁니다.

🔍 #모럴_해저드 #윤리적_의무 #공제 #환자_본인_부담금 #꼭_필요한_사람에게_돌아갈_수_있게

072

신용

소비를 늘리는 힘이 생겨요

우리는 평소에 약속을 잘 지켜 믿을 만한 사람을 '신용이 좋다'고 해요. '현대는 신용 사회'라는 말이 있어요. 그만큼 신용이 널리 쓰이고 중요하다는 뜻입니다. 신용은 돈과 관련해서도 중요해요. 신용이 좋은 사람은 외상으로 물건을 살 수 있고 돈을 빌리기도 쉬워요. 평소에 약속을 잘 지켰으니 앞으로도 그럴 것이라는 믿음이 다른 사람들 사이에 깊이 스며들어 있기 때문이지요.

신용이 정말 중요할까요? 모든 거래를 현금으로만 하고 집에 늘 충분한 돈이 쌓여 있는 사람이라면 신용을 그다지 중요하게 생각하지 않을 겁니다. 신용을 쓸 일이 없기 때문이지요. 현실에서 이런 사람은 드물어요. 가지고 있는 돈보다 써야 할 돈이 많은 순간이 발생해요. 신용이 있다면 부족한 돈을 쉽게 구해 어려움을 극복할 수 있습니다. 신용이 빛을 발휘하는 순간이지요.

인생에서 앞으로 어떤 일이 닥칠지 아무도 몰라요. 그러니 평소에 신용을 잘 관리해서 신용이 좋은 사람으로 평가받아야 합니다. 신용이 좋은 사람은 유용하고 편리한 점이 많아요.

첫째, 지금 자신에게 필요한 걸 바로 살 수 있어요. 집을 사야 하는데 돈이 모자라는 경우, 신용을 이용하면 부족한 부분을 조달해서 집을 살 수 있습니다. 값비싼 물건도 바로 구매해서 소비할 수 있어요. 둘째, 긴급한 비상사태를 감당할 수 있어요. 갑작스러운 사고나 질병으로 예상하지 못한 큰 지출이 필요할 때 신용이 있다면 거뜬히 해결할 수 있습니다. 셋째, 현금을 많이 소지하고 다닐 필요가 없어요. 신용카드를 사용하면 국내뿐 아니라 해외에서도 물건을 편리하게 구매할 수 있습니다.

그렇다고 무턱대고 신용을 믿고 신용을 남용해도 안 돼요. 신용에는 책임과 비용이 따르기 때문입니다. 우선, 이자나 수수료를 부담해야 할 때가 있어요. 만약 약속을 지키지 못해 돈을 제때 갚지 못한다면 연체료가 많이 더해져 갚아야 할 돈이 눈덩이처럼 불어납니다. 또한 과소비나 충동구매를 할 가능성이 커요. 당장 소득이 없어도 물건을 살 수 있으므로 자기 능력을 벗어나 과소비를 하는 사람이 있어요. 꼭 필요하지 않음에도 충동적으로 산 다음에 후회하는 사람도 있고요. 미래에 쓸 돈이 줄어든다는 문제도 있어요. 미래에 발생할 소득을 지금 당겨서 사용했으므로, 미래에는 그만큼 소비할 여력이 줄어들고 생활비를 줄여야 해요.

🔍 #소비가_필요할_때 #비상사태 #현금_대신 #책임과_비용 #수수료 #이자 #과소비 #충동구매

신용 불량자
벗어나기 힘든 신용 불량의 늪

만약 사정이 생겨 빌린 돈을 갚지 못하면 '신용 불량'이라는 낙인이 찍힙니다. 신용 불량자가 되면 금융 거래에서 신용을 사용하지 못해요. 현금이 있어야만 물건을 살 수 있고 할부로 물건을 살수도 없어요. 사회생활을 하는 데에도 걸림돌이 많아져요. 공무원, 금융회사, 공공기관 등에 신용을 중시하는 회사에 취업하기 어렵습니다. 그러므로 어떤 일이 있더라도 신용 불량자가 되지 않도록 평소에 신용을 잘 관리해야 합니다. 우리나라에서는 금액이 많든 적든 대출금을 3개월 이상 연체하거나, 5만 원 이상의 신용카드 대금을 3개월 이상 연체하면 신용 불량자가 돼요. 세금이나 통신 요금을 3차례 이상 연체해도 신용 불량자가 되고요.

 '신용 불량자'라는 말이 편해서 무심코 이렇게 부르고 있지만, 정부가 공식적으로 사용하는 용어는 '채무 불이행자'입니다. 채무, 즉 빚을 갚는 의무를 제대로 이행하지 못한 사람이라는 뜻이에요. 그렇지만 여전히 신용 불량자라는 말을 익숙하게 사용하는 사람이 더 많아서 이 책에서도 신용 불량자라는 용어를 씁니다. 한 번 신용 불량자로 기록되면 해당 빚을 모두 갚더라도 최소 3년은 기록이 보존돼요. 빚을 갚아도 한동안은 금융 거래에서 불이익이 계속 유지됩니다. 따라서 빚이 있다면 연체하지 않는 게 제일 중요해요. 돈이 급하다고 앞뒤 가리지 않고 무작정 돈을 빌려서는 안 돼요. 빌리기 전에 돈을 약속한 대로 갚을 수 있는지를 철저하게 따진 뒤 갚을 수 있다는 확신이 서면 빌리는 거지요.

최선을 다해 노력했음에도 신용 불량자가 된 사람들이 영원히 그 굴레에서 벗어나지 못한다면 이 또한 문제겠지요. 그래서 정부는 여러 제도를 통해 신용 불량자가 정상적으로 사회에 복귀할 수 있도록 지원하고 있어요. 제일 먼저 도움을 청할 수 있는 곳은 '신용회복위원회'예요. 개인의 빚 문제 해결에 도움을 주려는 목적으로 설립된 공공기관입니다. 신용회복위원회는 정상적으로 빚을 갚기 힘든 채무자를 위해 빚의 상환 기간을 연장해주거나 나누어 갚도록 하거나 대출 이자를 줄여주는 등 도움을 줘요. 특별한 경우에는 빚을 일부 없애주기도 합니다. 따라서 빚 상환을 독촉받고 있다고 사채업자나 대부업체에서 돈을 빌리면 절대 안 돼요. 먼저 신용회복위원회에 도움을 요청하는 게 현명합니다. 사채는 신용 불량보다 더 무서운 결과를 초래하니까요.

#걸림돌 #연체 #채무_불이행자 #불이익 #사채업자 #대부업체 #신용회복위원회 #빚_탕감

신용점수
도전! 1,000점

우리나라 성인은 신용도를 평가받습니다. 신용도가 어느 정도인지는 '신용점수'로 나타나요. 신용점수는 1에서 1,000점 사이에 있으며 1,000점에 가까울수록 신용이 좋음을 의미해요.

몇 년 전까지만 해도 개인의 신용도는 신용점수가 아니라 1부터 10까지의 신용 등급으로 평가했어요. 그런데 등급제에 몇 가지 문제점이 드러났습니다. 학교에서의 내신 등급에서 생기는 문제와 매우 비슷해요. 예를 들어 신용점수가 900~1,000점인 사람을 1등급으로 분류한다면, 같은 1등급 안에 속한 사람이라 해도 점수 차이가 최대 100점이나 납니다. 점수가 1,000점인 사람과 900점인 사람이 1등급의 지위를 같이 누리는 거지요. 이 두 사람의 신용도가 같다고 볼 수 있을까요? 이번에는 이런 경우가 있어요. 점수가 900점인 사람은 1등급이지만, 단 1점이 모자라 899점인 사람은 2등급으로 한 단계 낮게 분류돼요. 단 1점 차이인데 등급이 하나 바뀌는 거지요.

그래서 정부는 2020년부터 신용 등급을 없애고 신용점수로 개인의 신용도를 평가하기 시작했답니다. 연체 경력이 있는지, 대출금을 제때 상환했는지, 현재 대출금이 얼마나 있는지, 소득에 대비해서 대출금이 적절한지, 신용카드를 사용하고 제때 결제하는지 등 많은 요소를 종합적으로 고려해 신용점수를 산출해요.

　　신용점수를 높이는 방법은 명료합니다. 대출을 받았다면 연체하지 않고 1년 이상 성실하게 상환하거나, 원금의 절반 이상을 상환하면 신용점수가 올라가요. 학자금 대출을 받은 사람이 1년 이상 성실하게 상환하면 가산점이 주어지고요. 대출금은 무슨 일이 있어도 연체하지 않고 갚아야 한다는 말이에요. 신용카드를 사용했다면 연체하지 않고 사용 대금을 결제해야 해요. 통신료, 전기·가스·수도 요금, 세금을 성실하게 납부한 경력도 신용점수 향상에 도움을 줘요. 반면 신용점수에 나쁜 영향을 주는 행위도 있어요. 바로 연체입니다. 대출금이든 공공요금이든 연체는 신용점수에 치명적이에요. '현금 서비스'도 피해야 해요. 현금 서비스란 신용카드를 가지고 편의점 등에 있는 인출기에서 현금을 찾아쓰는 거예요. 신용카드 회사가 현금을 대출해주는 거죠. 단 1만 원이라도 현금 서비스를 받으면 그만큼 돈이 궁하고 상환 능력이 없다고 간주해, 그 사람의 신용점수를 감점합니다.

🔍　#신용도_평가 #점수 #신용등급제도에서_점수제로 #성실성 #상환 #가산점 #대금 #세금_납부

대출 금리
신용점수와 대출이자의 관계

평소 신용을 철저하게 관리해서 신용점수를 높이면 금융 생활을 하면서 여러 가지 혜택을 누릴 수 있고, 돈을 거래할 때 절대적으로 유리해요. 금융회사는 신용점수가 높은 사람을 믿을 수 있는 사람으로 간주하므로, 그 사람과 각종 금융 거래를 해도 좋다고 판단해 신용카드도 쉽게 발급해주고 대출도 허용해줍니다.

대출받으려 할 때 신용점수는 그 위력을 유감없이 발휘합니다. 평생 단 한 번도 대출받지 않고 사는 사람은 아마 없을 거예요. 전세자금이 필요하거나 집을 살 때 돈이 모자라면 은행에서 대출을 받아야 해요. 가게를 시작할 때나 사업을 확장할 때도 대부분 대출을 받아요. 그런데 신용점수가 낮으면 은행은 아예 대출해주지 않아요. 신용이 부족해 믿지 못할 사람으로 간주하고 돈을 빌려주지 않는 거죠. 은행에서 대출받지 못하면 계획을 포기하거나 다른 곳에서 나쁜 조건으로 돈을 빌려야 합니다.

설령 신용점수가 일정 기준보다 높아서 은행에서 대출을 받더라도 대출 금리가 신용점수에 따라 달라져요. 신용점수가 더 높은 사람은 대출 이자가 낮은 반면에 신용점수가 낮은 사람은 대출 이자를 많이 주겠다고 약속해야 돈을 빌릴 수 있어요.

이처럼 은행은 신용점수가 높은 사람에게는 대출 금리를 낮게, 신용점수가 낮은 사람에게는 대출 금리를 높게 정해요. 만약 대출 금리가 모든 사람에게 같아야 한다면, 은행은 신용점수가 높은 사람에게만 안전하게 대출해줄 거예요.

예를 하나 들어볼게요. 신용점수가 매우 높은 사람은 4%의 대출 금리로 돈을 빌릴 수 있어요. 이에 비해 신용점수가 중간 정도인 사람은 6%, 낮은 사람은 10%로 돈을 빌릴 수 있다고 해봐요. 만약 1억 원을 대출받는다면 신용점수가 높은 사람은 매년 4백만 원의 이자를 은행에 갚아야 하고, 신용점수가 중간인 사람은 6백만 원, 낮은 사람은 1천만 원의 이자를 갚아야 합니다.

갚아야 할 이자 차이가 엄청나지요? 돈을 5년 동안 빌린다면 신용점수가 낮은 사람은 높은 사람보다 대출 이자를 3천만 원(=6백만 원 × 5년)이나 더 많이 갚아야 해요. 소형 자동차 1대에 해당하는 엄청난 금액이에요.

신용점수 때문에 이런 불이익을 당해야 한다면 매우 억울할 거예요. 그러니 평소에 신용점수를 관리하는 것이 중요합니다.

Q #금융_생활 #거래 #카드_발급 #대출_승인 #전세자금 #이자율 #은행으로_가는_문턱

변동 금리

알아야 똑똑하게 돈을 빌리지

대출받을 때 약속한 대출 금리가 만기 때까지 그대로 유지될까요? 가령 5%의 금리로 10년 후 상환하기로 하고 돈 1억 원을 빌린다고 해봐요. 만약 5%의 금리가 10년 동안 변하지 않고 그대로 고정된다면 대출자는 매년 이자를 5백만 원씩 내야 하고, 10년 동안 부담해야 할 대출 이자가 총 5천만 원이겠지요.

이처럼 처음 계약할 때 정해진 금리가 만기 때까지 변하지 않고 유지되는 방식의 금리를 '고정 금리'라고 말해요. 고정 금리로 돈을 빌리면 대출 이자가 변하지 않으므로 상환 계획을 세우고 미래에 대비하기 좋아요. 그런데 도중에 한국은행이 기준금리를 올려 예금 금리도 올라갔다고 합시다. 은행이 예금주에게 주는 이자가 많아지겠지요. 그러나 대출자에게서 받는 이자가 그대로이므로 은행은 이익이 줄어들거나 손해가 발생할 수 있어요. 고정 금리에는 이러한 문제가 있지요.

그렇다고 한국은행이 기준금리를 언제 얼마나 올릴지까지

미래를 정확하게 내다볼 능력은 은행에도 없습니다. 이런 어려움을 피할 수 있는 방식이 변동 금리예요. '변동 금리'로 대출받으면 금리가 그때그때의 시장 여건에 따라 변해요. 가령 대출 계약을 맺을 때는 5%의 금리로 시작하되, 한국은행이 기준금리를 올리면 그에 따라 대출 금리도 올라 대출 이자를 더 많이 내야 합니다. 한국은행이 기준금리를 내리면 대출 금리도 내려가고요.

참고로 은행은 변동 금리보다 고정 금리를 높게 책정합니다. 가령 변동 금리가 4%라면 고정 금리는 5%로 요구하는 식이죠. 앞으로 기준금리가 오를 가능성에 대비해 이를 미리 고정 금리에 반영해놓는 겁니다. 따라서 대출받는 사람은 지금 비싸지만 이자 부담이 확실히 정해지는 고정 금리로 계약할지, 아니면 그때그때 이자 부담이 달라지는 변동 금리로 계약할지를 잘 선택해야 해요. 어느 쪽이 유리한지는 미래의 기준금리 방향에 달려있어요.

예를 들어 한국은행이 조만간 기준금리를 1% 이상 크게 올릴 것으로 예상한다면, 비록 당장은 높더라도 고정 금리로 대출받는 편이 유리하겠죠. 만약 기준금리가 조금만 오를 것으로 예상한다면 변동 금리가 유리할 테고요. 반대로 기준금리가 내려갈 것으로 예상한다면 변동 금리로 대출받는 편이 유리하죠. 돈을 빌릴 때도 금융 지식이 있다면 손해 보는 일을 피할 수 있답니다.

#고정 #변동 #상환 #대출_이자 #내집_마련 #기준_금리 #어느_쪽이_유리할지_따져보자

신용카드
쓸 때마다 빚이 생겨요

옛날에는 물건을 사면서 현금으로 결제했어요. '신용카드'credit card가 보급되기 전까지는 그랬죠. 지금도 현금으로 결제하는 사람이 더러 있지만, 많은 사람이 신용카드를 사용해 결제합니다.

신용카드를 이용하면 지갑에 현금이 없더라도 물건을 사거나 음식을 먹을 수 있어요. 지갑도 가볍고, 계산할 때 일일이 잔돈을 계산하지 않아도 돼 편리해요. 그렇다면 돈은 누가 언제 내는 걸까요? 가게 주인은 왜 현금도 받지 않고 물건을 팔까요?

소비자는 신용카드 회사에 신청해서 본인 이름으로 신용카드를 발급받아요. 단, 신용카드 회사는 신용이 없다고 판단하는 소비자의 카드 발급을 거부할 수 있어요. 신용카드가 발급되면 소비자는 가게(가맹점)에서 물건을 사고 신용카드로 금액을 결제해요. 이는 신용카드 회사에 전자적으로 통보되고, 며칠 후 신용카드 회사는 가게에 해당 금액을 지급해요. 다시 말하면 소비자가 물건을 구매한 대금을 신용카드 회사가 먼저 내줍니다. 가게는 대금을 신용카드 회사로부터 받았으니 거래가 마무리돼요. 이제는 소비자가 이를 갚는 일만 남습니다.

소비자는 신용카드를 사용해 물건을 살 때마다 신용카드 회사에 빚을 지는 거예요. 이 빚은 한 달에 한 번씩 한꺼번에 갚아야 해요. 소비자가 한 달 동안 사용한 신용카드 대금을 모두 신용카드 회사에 입금하면 비로소 모든 거래가 깨끗하게 마무리됩니다.

신용카드는 이러한 원리로 작동해요. 소비자가 편리함 때문에 신용카드를 발급받아 사용한다면, 가게는 왜 신용카드로 물건을 살 수 있게 허용할까요? 물건 판매량을 늘리는 데에 도움이 되기 때문입니다. 현금으로만 거래할 때는 물건을 사지 못하는 고객이 신용카드 덕분에 살 수 있게 되므로 매출이 늘어나요.

신용카드 회사는 이 과정에서 어떻게 돈을 벌까요? 크게 세 가지입니다. 첫째, 신용카드 회사는 신용카드로 거래한 물건 금액의 일정 비율(대개 1% 내외)을 수수료라는 이름으로 가게로부터 받아요. 둘째, 신용카드를 사용하는 소비자에게서 매년 연회비를 받아요. 셋째, 신용카드 회사에서 돈을 빌리는 사람들이 있는데, 이들이 내는 이자가 신용카드 회사의 수입이 돼요.

이처럼 신용카드를 사용하면 소비자는 편리하고, 가게(가맹점)는 장사에 도움이 되고, 신용카드 회사는 이윤을 낼 수 있어요.

Q #현금 #체크카드 #신용카드 #크레딧카드 #신용 #가맹점 #구매_대금 #빚 #수수료 #연회비

과소비

그냥 사고 싶은 거니 필요한 거니?

신용카드를 사용해 물건을 구매한 소비자는 신용카드 회사에 진 빚을 매달 갚아야 해요. 만약 정해놓은 날짜에 돈을 갚지 못하면 '연체'가 되고, 신용카드 회사는 신용을 지키지 못한 것에 대한 벌칙으로 상당히 많은 연체 수수료를 부과합니다. 갚아야 할 돈이 금세 불어나게 돼요. 그래서 신용카드를 '양날의 검' 또는 '두 얼굴을 지닌 카드'라고 말해요. 신용카드에는 분명히 편리하고 좋은 점이 많지만, 동시에 문제점도 있기 때문입니다.

신용카드에서 제일 문제가 되는 건 과소비나 충동구매예요. 사람들이 매사에 합리적으로 선택하고 냉철한 이성에 의해 행동한다면 과소비나 충동구매 같은 소비 행동은 일어나지 않을 거예요. 그러나 사람은 완벽한 존재가 아니죠. 신용카드를 사용해 물건을 살 때 소비자들은 지갑에서 현금이 나가지 않으므로 마치 공짜로 사는 것처럼 착각하는 경향이 있어요. 그래서 자신의 갚을 능력을 벗어날 정도로 많은 물건을 사요. 계획에도 없던 물건을 보고 충동적으로 구매하는 사람도 있고요. 그런 다음 신용카드 사용 대금을 갚으라는 고지서를 받고 나면 정신이 번쩍 듭니다. 돈을 너무 많이 썼다고 후회하죠. 하지만 이미 때는 늦었어요.

정말로 신용카드가 과소비를 조장하는지 실험해봤어요. 미국에서 인기 있는 팀의 프로농구 경기가 매진되었고, 이 입장권을 경매로 되파는 실험을 했어요. 한 집단은 현금으로만, 다른 집단은 신용카드로만 푯값을 낼 수 있도록 했습니다.

결과는 흥미로웠어요. 신용카드로 구매하는 집단이 제시한 푯값이 현금으로 구매하는 집단보다 무려 2.1배나 비쌌습니다. 현금으로 값을 치르면 돈이 바로 자신의 지갑에서 빠져나가므로 고통을 느껴 현금 지출을 최대한 줄이려는 심리가 본능적으로 작동해요. 하지만 신용카드로 값을 치르는 경우는 이런 심리가 작동하지 않아 비싼 값을 기꺼이 낸 거예요.

미국 스탠퍼드 대학 연구팀은 이를 과학적으로 입증했어요. 현금으로 계산할 때는 뇌에서 통증을 많이 느끼지만, 신용카드로 결제할 때는 뇌가 느끼는 통증이 덜하다는 걸 기능성 자기공명영상을 통해 확인했거든요. 전문가들은 신용카드로 결제하는 습관이 생기면 뇌가 무언가를 소비한다는 행위에 무감각해진다고 말해요. 자신도 모르게 쇼핑에 중독되는 거예요.

Q #신용카드 #연체 #수수료 #할부 #충동구매 #고지서 #카드_사용_습관 #쇼핑중독

체크카드
통장에 있는 만큼만 쓸 수 있어!

평소에 과소비나 충동구매를 자주 하는 사람은 신용카드 사용에 매우 신중해야 합니다. 소득이 없는 미성년자에게 신용카드를 발급해주지 않는 이유가 여기에 있어요. 하지만 현금을 소지하는 일은 분명히 불편하고 분실의 소지가 있어요. '체크카드'check card 가 이런 단점을 보완해줄 수 있습니다.

체크카드는 사용할 때마다 해당 금액이 자신의 은행 통장(계좌)에서 바로 빠져나가 통장 잔고가 실시간으로 줄어들어요. 현금을 사용한 것과 마찬가지 효과를 누리면서도 현금을 소지하지 않아도 되는 편리함까지 얻을 수 있는 카드예요. 신용카드에 의한 과소비 문제를 해결하는 데도 도움이 됩니다. 여러분도 대개 체크카드를 가지고 있을 거예요. 편의점에서 간식을 사면 통장에서 돈이 바로 빠져나갑니다. 만약 통장에 남아 있는 돈이 없다면 '잔액 부족'으로 승인이 거절됐다는 메시지가 나타나고 체크카드를 사용할 수 없죠. 체크카드는 최대 통장 잔액까지만 사용할 수 있으므로 무분별한 지출이나 과소비를 막는 데 확실한 도움이 돼요. 물론 통장에 잔액이 많이 있다면 무분별한 지출이나 충동 구매가 이루어질 수 있지만, 신용카드에 비하면 양호하지요. 마이너스로 가지는 않으니까요.

체크카드는 소비 욕구를 억제하고 돈의 지출을 바로바로 확인하고 싶은 사람에게 적합합니다. 소득이 있고 19세 이상이어야 발급받을 수 있는 신용카드와 달리, 체크카드는 통장이 있고 만 12세 이상이라면 누구나 발급받을 수 있어요. 단, 12세와 13세 청소년은 하루 최대 3만 원까지만 쓸 수 있답니다. 체크카드는 자신의 통장에 있는 돈을 사용하는 것이므로 연회비를 낼 필요도 없어요. 대신 체크카드로는 물건을 '할부'로 살 수 없어요. 할부는 물건값을 한꺼번에 내지 않고, 여러 달에 걸쳐 나눠서 내는 방식이에요. 예를 들어 12만 원짜리 물건을 6개월 무이자 할부로 구매하면, 물건값을 6달에 걸쳐 매달 2만 원씩 나눠서 내면 돼요. 체크카드는 통장에서 즉시 돈이 빠져나가므로 '일시불' 결제만 가능합니다. 그 이유는 명백해요. 할부가 진행되는 몇 달 사이 통장 잔액이 부족해지면 할부해준 가게는 돈을 받지 못하니까요. 따라서 할부로 물건을 사려면 신용카드를 사용해야 합니다. 소비자는 할부 금액을 신용카드 회사에 매달 나눠 내면 되고요.

🔍 #현금 #직불카드 #미성년자 #편의성 #잔액 #일시불 #통장에_있는_돈_만큼 #누구나

대부업

묻지도 따지지도 않는 이유

돈이 필요하면 먼저 은행을 찾습니다. 제일 믿을 만한 금융회사이고 대출 금리도 낮으므로 모든 사람이 선호하는 건 당연해요. 하지만 은행을 찾아간다고 누구나 대출을 받을 수 있는 건 아니에요. 대출 금리가 낮은 대신에 은행에서 대출을 승인받으려면 몇 가지 까다로운 조건을 충족해야 합니다. 그 가운데 하나가 높은 신용점수에요. 신용점수가 낮은 사람은 은행에서 대출받을 수 없다고 했지요. 은행에서 대출을 거절당한 사람은 다른 금융회사를 찾아야 합니다. 예를 들면 상호저축은행 같은 곳이지요. 상호저축은행도 대출 심사를 하지만 은행보다는 기준이 조금 낮아요. 대신 대출 금리가 은행보다는 높아요. 보험에 가입한 사람은 보험회사에서도 대출을 받을 수 있으며 신용카드 회사에서도 돈을 빌릴 수 있어요. 그런데 이런 금융회사에서도 대출을 거절당하는 사람들이 있습니다. 신용점수가 매우 낮은 사람이지요. 이런 사람들이 찾는 곳이 '대부업체'랍니다.

‘대부’란 돌려받기로 하고 돈을 빌려주는 거예요. 대출과 같은 말이지요. ‘대부업’이란 돈을 빌려주고 이자를 받는 영업이란 뜻이며, 이런 영업을 전문적으로 하는 곳이 대부업체입니다. 대부업체는 공식적인 금융회사가 아님을 명심할 필요가 있어요.

대부업체가 빌려주는 돈의 금액은 대개 많지 않아요. 적은 돈을 신용도가 낮은 사람에게 비교적 짧은 기간 빌려주는 거예요. 대신 금리가 무척 높습니다. 보통 급전을 마련하려고 찾는 곳이죠. 금융회사와 달리, 대부업은 아무나 할 수 있어요. 현재 우리나라에 등록한 대부업체만 1만 곳이 넘어요. 이 가운데 규모가 큰 대부업체 몇 곳은 TV 광고도 합니다. 여러분도 TV에서 본 적이 있을 거예요. 광고를 통해 이름이 익숙해졌다고, 그리고 간편하게 돈을 빌려준다는 광고 문구에 현혹돼 별다른 생각 없이 대부업체의 문을 두드리는 순간 높은 금리의 늪에 빠져 헤어나지 못할 수 있습니다. 대부업체에서 대출받으면 본인의 신용점수가 크게 낮아져요. 설령 대부업체에서 빌린 돈을 제때 갚더라도 마찬가지예요. 대부업체를 이용했다는 사실 자체가 모아놓은 재산이 별로 없고 돈 관리 상태가 나쁘다는 걸 드러내기 때문이에요. 그러니 대부업체를 이용할 필요가 없도록 평소에 신용 관리와 돈 관리를 잘해야 합니다.

Q #공짜는_없어 #대출_심사 #신용점수 #상호저축은행 #대부 #고금리 #친한_척 #이자의_늪

불법 사채

발을 들여놓으면 안 되는
어둠의 세계가 있다

길거리를 지나다 보면 바닥에 떨어진 명함 모양의 전단지를 본 적이 있을 거예요. 또는 공중화장실에서도 비슷한 전단을 볼 수 있어요. 내용은 다음과 같아요.

"원하는 금액 100% 대출"

"신용점수 관계없이 누구나 대출 가능"

"조기 상환 시 이자 50% 감면"

원하는 금액을 묻지도 따지지도 않고 대출해준다니, 매우 친절하고 편리해 보이지요? 돈이 필요해질 때 명함에 적힌 전화번호로 연락하면 될까요? 절대로 안 됩니다.

이처럼 명함 모양의 전단을 뿌리는 것은 등록조차 하지 않은 불법 사채업자들이에요. 이들의 영업은 한마디로 무법천지랍니다. 우선 금리만 봐도 그래요. 우리나라에는 '이자제한법'이라는 게 있어, 최고 이자율을 20%로 정해놓고 있어요. 아무리 금리가 높아도 연 20%를 넘으면 안 된다는 거예요.

'불법' 사채업자들은 이 법을 무시해요. 급전이 필요한 사람의 사정을 악용해 수백 또는 수천 %의 '살인적인' 금리를 요구합니다.

이자를 받는 방식도 특이해요. 원래 이자는 일정 기간이 지나서 나중에 갚는 게 일반적이나, 사채업자는 돈을 빌려주면서 이자를 먼저 받아요. 가령 100만 원을 빌리면 이자 20만 원을 미리 떼고 실제로는 80만 원만 빌려줘요. 이처럼 미리 떼는 이자를 '선이자'라고 불러요. 따라서 지금 현금 100만 원이 필요하다면 선이자를 고려해 120만 원을 빌려야 해요.

그리고 이자가 '매주' 10~20만 원씩 붙어요. 100만 원이 없어서 돈을 빌린 사람으로서는 도저히 감당하기 힘든 이자입니다. 원금은커녕 이자 갚기도 버거워요. 그래서 '살인적'이라고 부르는 거예요. 몇 달이 지나면 이자가 원금보다 많아지는 황당한 일이 벌어집니다.

이처럼 이자가 빠르게 불어나는 빚을 갚을 수 있는 사람은 드물어요. 돈을 갚지 못하면 불법 사채업자들의 횡포가 더해집니다. 매일 수십 통씩 독촉 전화를 하거나 공포심과 불안감을 조장해 일상생활을 유지하기 힘들게 협박해요. 주위에 빚을 졌다고 소문을 내고 개인 정보를 마음대로 유출하기도 해요.

🔍 #이자제한법 #살인적인_금리 #불법 #원금보다_커지는_이자 #사채업자 #횡포 #협박 #패가망신

원금과 이자를 다 갚은 사람에게는 돈을 입금한 뒤, 이 돈을 쓰라고 강제하는 사채업자도 있어요. 필요하지도 않은 돈을 빌려 가라고 힘으로 강요하는 거예요.

어떤 어려움과 긴박함이 있더라도 불법 사채는 절대 기웃거리면 안 됩니다. 패가망신의 지름길입니다.

신용점수가 낮은 사람들이 주로 불법 사채의 덫에 빠진다고 해요. 급히 돈이 필요한데 은행권에서 빌려주지 않으니 지푸라기라도 잡는 심정으로 아무 곳에나 매달리는 거죠. 소액을 빌린다고 가볍게 생각하는 것도 문제이고요. 가령 30만 원을 빌리고 일주일 뒤에 50만 원을 갚는 식이에요. 일주일에 이자가 20만 원인데, 연간으로 환산하면 이자율이 무려 3,470%예요. 만약 일주일 내 갚지 못하면 연체 이자가 눈덩이처럼 불어나 도저히 감당할 수 없는 빚의 늪에 빠지는 구조랍니다.

082

레버리지
남의 돈으로 돈을 벌어볼까?

연암 박지원의 소설 「허생전」을 알고 있을 거예요. 글공부에 몰두하던 주인공 허생은 갑부인 변 씨에게서 빌린 1만 냥의 돈을 밑천으로 장사해 큰돈을 버는 데 성공합니다. 만약 허생이 돈을 빌리지 않았다면 장사를 시작할 수 없었을 테니 돈도 못 벌었을 거예요. 이처럼 다른 사람의 돈을 빌려 수익을 내는 방법을 '레버리지'leverage라고 불러요. 우리말로는 '지렛대 효과'에요. 레버lever 는 지렛대라는 뜻의 영어입니다.

　지렛대를 이용해 작은 힘을 큰 힘으로 바꾸는 원리는 아르키메데스가 처음 발견했다고 알려져 있어요. 시소, 펌프, 병따개, 젓가락, 스테이플러 등등 매우 다양한 곳에서 지렛대의 원리가 쓰이고 있지요. 이 원리는 경제에서도 쓰여요. 다른 사람의 돈(지렛대)을 이용해 큰 수익을 내는 투자 방법을 레버리지라고 부릅니다. 예를 들어 가지고 있는 돈이 3억 원에 불과한데 마음에 드는 집의 가격이 5억 원이라고 해봐요. 본인의 돈만으로는 이 집을 살 수 없지요. 이제 모자라는 돈 2억 원을 은행에서 대출받아 집을 삽니다. 시간이 흘러 집값이 7억 원으로 올랐다고 가정해봐요. 집을 팔아 은행에서 빌린 돈과 이자로 2억 1천만 원을 갚으면 4억 9천만 원이 남아요. 자신의 돈 3억 원이 4억 9천만 원으로 불어난 거예요. 이것이 레버리지입니다. 남의 돈을 빌린 덕분에 큰 돈을 벌 수 있었어요. 그렇다고 레버리지가 늘 좋은 투자 방법이라고 생각하면 안 돼요. 다행히 집값이 올라 레버리지 투자가 성공할 수 있었던 거니까요. 만약에 집값이 내리면 어떻게 될지 생각해볼까요? 가령 집값이 5억 원에서 3억 원으로 내렸다고 해봐요. 집을 팔아서 은행 대출과 이자 2억 1천만 원을 갚고 나면 겨우 9천만 원만 남아요. 원래 가지고 있던 돈 3억 원 가운데 대부분이 사라진 거예요. 손실이 엄청나요.

레버리지는 예상한 대로 값이 오르면 큰 수익을 벌지만, 큰 손실 위험도 따르는 투자 방법이에요. 고수익에는 고위험이 따른다고 했지요. 레버리지는 매우 위험하고 불확실한 투자 방법입니다. 값이 오를지 내릴지 정확히 예측할 수 있는 사람은 없으니까요. 주식 투자를 할 때도 마찬가지예요. 주가가 오를 것 같다는 생각에서 남의 돈을 빌려 주식을 사는 사람이 있습니다. 도박이나 다름없으며, 예상이 빗나가면 대박을 노리다 쪽박 차게 돼요.

🔍 #지렛대_효과 #작은_힘을_큰_힘으로 #돈을_빌려_수익_창출 #대박 #쪽박 #손실_위험

083

금융 문맹

수영도 못하면서
바다에 뛰어들겠다고?

글을 읽지 못하거나 쓸 줄 모르는 사람, 문장을 보고도 뜻을 이해하지 못하는 사람을 '문맹'illiteracy이라고 해요. 우리나라는 세계적으로 문맹률이 낮은 국가로 알려져 있어요.

컴퓨터를 비롯한 정보통신기술ICT이 보급·확산하면서 컴맹이라는 말이 파생됐죠. 젊은 사람을 기준으로 보면 우리나라에 문맹이나 컴맹은 거의 없다고 봐도 좋을 겁니다. 그러나 기본적인 금융 이해력이 부족해 돈 관리를 합리적으로 하지 못하거나 혼자 힘으로 건전한 금융 의사결정을 하지 못하는 사람들은 우리나라에 여전히 많아요. 이들을 '금융 문맹'financial illiteracy이라고 부릅니다.

조사에 따라 다르지만, 우리나라 국민의 금융 문맹률은 대체로 40~50%로 나타납니다. 국민의 절반 가까이가 금융 이해력이 부족한 셈이에요. 연령대별로 나눠보면, 20대에서 금융 문맹이 심각해요. 사회에서 금융 생활을 경험하면서 금융 지식을 습득할 기회가 적었기 때문에 30~50대보다 금융 이해력 수준이 낮은 것으로 보입니다. 10대의 금융 문맹은 더 심각해요. 학교에서 금융이나 돈 관리에 대해서 제대로 배울 기회가 없으니 어쩌면 당연한 일이에요. 어른들이 돈에 대해서 잘 알려주지도 않고요.

"연 이자율이 2%인 비과세 예금 계좌에 100만 원을 복리 이자로 5년 동안 입금해 둔다면, 5년 후에 계좌의 금액은 100만 원보다 작을까, 클까, 아니면 100만 원일까?"

"수익률이 높은 투자는 상대적으로 큰 위험을 수반할 것이다. 이 서술은 맞을까 아니면 틀릴까?"

금융 문맹은 위와 같은 질문에 제대로 답하지 못해요. 돈과 관련한 기초 지식을 지니고 있지 못한 탓에 금융 문맹은 자신에게 적합한 금융 상품을 고르는 데 어려움을 겪습니다. 더 나은 조건의 금융 상품이 있음에도 이를 선택하지 못해 손해를 보며, 돈 관리에 실패해 신용 불량자가 될 가능성도 커요.

금융 문맹으로 사회생활을 하는 건 수영하는 법을 익히지 않은 상태에서 바다로 뛰어드는 것과 같아요. 경제생활이 위태로워질 거예요. 금융 이해력을 쌓으려면 일단 기본적인 금융 지식을 지녀야 합니다. 지식을 쌓는다고 끝이 아닙니다. 일상생활에서 돈 관리를 합리적으로 실천하지 못한다면 금융 지식이 아무리 많

Q #읽거나_쓸_줄을_몰라 #금융_이해력_부족 #금융_기초_지식 #돈_관리 #사회생활 #경제생활

아도 쓸모없으니까요. 바람직한 금융 습관을 지니고 돈을 올바르게 관리할 줄 알아야 해요. 용돈을 제대로 관리하는 습관과 실천이 그 출발점이에요.

개인이 주어진 자산과 정보를 최대한 활용해서 돈과 관련한 의사결정을 합리적으로 할 수 있는 지식과 기능을 보유하고 있을 뿐 아니라 돈에 대한 올바른 태도를 지니는 상태를 금융 이해력financial literacy이라고 해요. 금융 문맹의 반대말이죠. 금융 이해력 수준이 높은 사람은 낮은 사람보다 돈과 관련한 판단을 더 현명하게 하고 돈을 더 잘 관리할 수 있어 삶을 더 풍요롭고 안정적으로 누릴 수 있게 돼요. 금융 웰빙에 이를 가능성이 커지는 거죠. 금융이나 돈에 관한 공부가 중요한 까닭이 여기에 있어요.

대리 입금

말장난에 속으면 안 돼

SNS를 이용하면서 혹시 '대리 입금' 또는 줄여서 '댈입'이라는 문구가 들어간 광고를 받아본 적이 있나요? 구체적인 내용은 조금씩 다르지만, 급한 사람에게 돈을 빌려준다는 거예요. 몇 가지 공통되는 특징이 있어요.

첫째, 청소년을 대상으로 합니다. SNS를 애용하는 청소년들을 노리고 SNS를 통해 광고하는 거예요.

둘째, 급히 돈이 필요한 청소년을 노립니다. 게임 아이템을 빨리 사야 하는 청소년, 아이돌 굿즈나 콘서트 티켓을 사고 싶은 청소년 등에게 돈을 빌려주는 거예요.

셋째, 금액이 많지 않습니다. 청소년을 대상으로 하므로 소액을 빌려주는 거예요. 보통 5만 원 내외의 돈을 빌려줍니다.

넷째, 돈을 빌려주는 기간이 매우 짧습니다. 보통 3일, 길어야 1주일 정도 빌려줘요. 이 기간 안에 갚아야 한다는 뜻이에요.

다섯째, 이자율(금리)이나 이자 같은 문구를 절대 사용하지 않아요. 이자라는 말을 넣으면 대출 또는 빚이라는 생각에 거부감이 드니, 이를 피하려는 교묘한 수법이죠. 대신 수고비, 지각비 같은 단어를 써서 '눈 가리고 아웅' 합니다. 돈을 보내주는 수고에 대한 대가로 받는 '수고비'는 대출 이자예요. 약속을 지키지 못하면 받는 '지각비'는 연체 이자이지요. 대출 대신 대리 입금(댈입)이라고 하는 것도 일종의 말장난입니다. "대신 돈을 넣어줄 테니 마음껏 써" 하며 유혹하는 거예요.

대리 입금은 금융 지식이 부족한 청소년들을 노리는 초고금리 사채입니다. 물론 불법이에요. 수고비나 지각비로 내야 하는 돈을 따져보면 금리가 상상을 초월해요. 적은 돈이라고 생각하고 빌렸다간 큰코다칩니다. 돈을 갚지 못하면 전화로 위협하고, 주소, 가족이나 본인의 전화번호, 프로필 사진 등을 협박 수단으로 이용해서 2차 피해를 줘요. 반대로 자신에게 돈을 빌려주면 며칠 안에 이자를 더해서 돌려주겠다고 광고하는 사례도 있어요. 이 내용을 믿고 돈을 보내주면 연락이 끊기도 돌려받지 못합니다.

대리 입금 관련 광고를 보더라도 절대 관심을 가지면 안 됩니다. 혹시 대리 입금으로 피해를 보고 있다면 학교나 학교전담경찰관을 통해 신고해 도움을 청하면 쉽게 해결됩니다. 불법 사채이므로 말도 안 되는 이자를 갚아야 할 의무가 없어요.

🔍 #대신_입금 #대출 #초고금리 #불법 #사채 #협박 #위협 #이자 #갚을_의무가_없어

영끌
무리하게 투자하다간 다쳐!

'2030 영끌 아파트 매수 역대 최고'

'영끌한 집값, 절반 이상이 빚'

'주가 하락에 영끌 2030 좌절'

신문이나 TV 뉴스에서 자주 보는 기사 제목들이에요. 공통으로 '영끌'이라는 단어가 들어가 있어요. '영혼까지 끌어모으다'를 줄인 말이에요. 부동산이나 주식에 투자하면서 '영혼까지 끌어모은다'는 게 무슨 의미일까요?

본인이 끌어모을 수 있는 자산을 모두 모으고, 최대한 빚을 내서 부동산이나 주식에 투자하는 사람들을 가리키는 표현이에요. 즉, 영끌은 빚을 내서라도 이용할 수 있는 돈을 최대로 끌어모아 자산을 불리려는 행위를 말합니다.

앞에서 말한 레버리지 투자의 전형적인 사례라 할 수 있어요. 투자에 성공하면 일순간에 빚도 갚고 자산을 늘릴 수 있다는 유혹에 빠진 사람이 영끌하는 거지요. 하지만 '고위험-고수익'이라고 했어요. 영끌 투자에는 상당한 손실 위험이 따라요. 구매한 부동산이나 주식이 기대와 달리 값이 오르지 않는다면 빚 폭탄을 떠안게 됩니다. 심한 경우 파산에 이르고 평생 빚 지옥에서 벗어나지 못할 수 있습니다.

특히 2030이 이러한 위험을 감수하고도 영끌에 나선 이유는 간단해요. 이들은 아직 젊어서 가지고 있는 자산이 별로 없어요. 소득도 상대적으로 적고요. 반면에 집값은 무척 비싸 내 집 마련이 힘듭니다. 가령 값이 5억 원인 집을 마련하려면 매달 100만 원씩 모아도 무려 42년이 걸려요. 매달 100만 원씩 저축하기도 버거운데, 42년이나 걸린다면 노년에 겨우 내 집을 살 수 있다는 계산이 나오지요.

단순히 월급만 모아서는 내 집 마련이 힘들다고 보는 거예요. 그래서 끌어모을 수 있는 빚을 총동원해서 주식이나 코인에 공격적으로 투자해 높은 수익률을 거두면 자산을 어느 정도 모을 수 있어요. 그리고 이것을 바탕으로 다시 빚을 져 레버리지로 내 집을 사는 게 최선이자 유일한 방법이라고 판단한 2030이 영끌을 하는 겁니다. 2030이 영끌하게 만드는 현실이 안타까워요.

이와 비슷한 용어로 '빚투'가 있어요. '빚을 내서 투자한다'의 줄임말입니다. 자신의 여윳돈으로 투자하면서 자산을 차곡차곡 불리는 게 투자의 정석인데, 빚투는 이를 따르지 않고 빚을 내서 더 빠르게 자산을 불리려고 레버리지 투자를 하는 거지요.

빠른 길에는 치명적인 위험이 따라요. 자칫 갚아야 할 빚이 눈덩이처럼 불어나 투자에도 실패하고 빚의 굴레에서 벗어나지 못할 수 있습니다. 빚투나 영끌은 매우 위험한 도박이에요.

인터넷전문은행

은행인데 영업점이 없다고?

은행이라고 하면 쾌적한 공간과 깔끔한 인테리어가 떠올라요. 오고 가는 사람이 많은 역이나 정류장, 시장 근처, 큰길 네거리 등에 번듯한 간판을 내걸고 고객을 맞이합니다.

그런데 정보통신 기술이 발달하고 인터넷이 보급되면서 은행의 이러한 모습에도 변화가 생기기 시작했어요. 요즘은 인터넷이나 스마트폰으로 은행 업무 대다수를 처리해요. 모바일 기기에 익숙한 젊은 사람들은 거의 다 모바일 뱅킹으로 은행 업무를 보고 있지요. 이는 사람들이 은행 영업점을 방문할 일이 대폭 줄어들었다는 말이에요. 그래서 은행들은 손님이 많지 않은 영업점부터 차츰 없애고 있습니다. 비싼 임대료와 운영비를 내며 영업점을 열어봤자 손님이 많지 않으니 손실이라는 판단에서지요.

이러한 현실을 반영해 아예 독특한 은행이 새로 생겼어요. 이 은행은 전국 어디에도 영업점이 없답니다. 영업점 없이 은행이 어떻게 영업하냐고요? 모든 은행 서비스를 온라인으로 제공합니다. 컴퓨터와 인터넷망만 구축해놓고 인터넷이나 모바일로 영업하는 은행이에요. 비대면 전문 은행이라고 보면 됩니다. 이런 은행을 '인터넷전문은행'이라고 불러요. 영어로는 다이렉트 뱅크, 온라인 뱅크, 버츄얼 뱅크로 불러요.

인터넷전문은행은 미국에서 1990년대에 처음 도입됐고 우리나라에서는 2016년부터 영업을 시작했어요. 현재 우리나라에는 세 개의 인터넷전문은행이 있습니다. K뱅크, 카카오뱅크, 토스뱅크라고 들어봤나요? 우리나라의 인터넷전문은행이랍니다.

인터넷전문은행에는 여러 장점이 있어요. 영업점이 없으니 임대료를 내지 않아도 돼 비용이 적게 듭니다. 온라인으로 영업하므로 은행원도 많이 뽑을 필요가 없어 인건비도 절약할 수 있죠. 아긴 비용 덕분에 돈을 맡기는 사람에게는 이자를 많이 주고, 돈을 빌리는 사람에게는 이자를 적게 받아도 돈을 벌 수 있어요.

인터넷전문은행은 은행에 가지 않고도 업무를 처리할 수 있고 24시간 비대면 상담이 가능해요. 오전 9시부터 오후 4시까지 영업하는 기존 은행과는 다르죠. 기존 은행들이 하지 못했던 혁신적인 전략도 시도하고 있어요. 이자를 돈 대신에 음원 사이트 이용권이나 게임 머니로 주기도 하고요. 이러한 혁신적인 서비스 덕분에 인터넷전문은행은 주로 젊은 층에 인기가 많답니다.

Q　#정보통신_기술_발달 #모바일_뱅킹 #온라인_서비스 #비대면 #온라인_뱅크 #버츄얼_뱅크

암호화폐

화폐인데 화폐가 아니라고?

우리가 사용하는 돈은 한국은행이 발행했습니다. 앞면에 '한국은행'이라는 문구가 뚜렷하죠. 법에서 공식적으로 인정하고 있는 우리나라의 유일한 돈으로, '법화'legal tender라고 불러요. 일상에서 사용하도록 법으로 명시한 화폐라는 뜻이에요. 따라서 한국은행을 제외한 사람이나 기관이 돈을 발행하면 위조지폐가 돼요.

그런데 최근 '암호화폐'cryptocurrency가 등장했어요. 암호화 기술을 활용해 디지털 파일이 복사되는 걸 방지했다는 데서 붙여진 이름입니다. 세계 최초의 암호화폐는 '비트코인'bitcoin이에요. 2009년에 처음 만들어졌고, 블록체인 기술에 기반을 두고 있어요. 중앙은행이 발행하는 게 아니라 누구든지 컴퓨터를 이용해 '채굴'할 수 있죠. 마치 금을 캐듯 비트코인을 생산합니다.

다만 비트코인을 얻으려면 대규모 컴퓨터 시설을 갖추고 있어야 해서, 비트코인의 가치보다 전기료를 더 많이 내야 할 정도예요. 그만큼 채굴이 힘들다는 뜻이죠.

암호화폐에서 주의할 점이 있어요. 이름에 '화폐'라는 말이 들어가 있다고 해서 일상 거래에서 쓸 수 있는 돈이라고 착각하면 절대 안 돼요. 암호화폐는 우리나라에서 법으로 공식 돈이라고 인정하지 않아요. 법화가 아니랍니다. 비트코인을 가지고 물건을 살 수 있는 가게는 거의 없어요. 중앙은행의 통제도 받지 않고 아무나 생산할 수 있으니 정부가 공식 돈으로 인정할 수 없는 게 당연해요. '화폐'라는 말 때문에 공식 돈이라고 오해하는 사람들이 많아서 정부는 암호화폐 대신에 '가상 자산'virtual asset으로 부르고 있어요. 가상 공간에 존재하며, 전자적으로 거래하고 이전할 수 있는 가치를 지닌 자산이라는 뜻입니다.

세계 20대 경제 대국의 모임인 '주요 20개국(G20)' 정상회의에서도 암호화폐가 돈이 아님을 강조하기 위해 가상 자산 또는 암호 자산이라고 했어요. 그래도 사람들은 여전히 암호화폐라는 말을 자주 씁니다. 금, 부동산, 주식의 가치 상승을 기대하고 투자하듯, 미래에 가치가 오를 것이라 기대하고 가상 자산에 투자하는 사람이 많아요. 가상 자산의 인기가 좋아지면 가치가 오르겠지요. 반대로 인기가 식으면 가상 자산의 가치는 폭락할 거예요. 눈으로 볼 수도 손으로 만질 수도 없는 가상의 '무엇'에 대한 사람들의 기대와 인기가 꺼진다면 말입니다.

#화폐 #법화 #한국은행 #법적_명시 #비트코인 #블록체인 #채굴 #가상_자산 #암호_자산

현금 없는 사회

동전, 지폐 대신
기부나 헌금도 전자적으로

현대인은 지폐나 동전을 들고 다니는 일조차 불편하게 느낍니다. 친구들과 함께 밥을 먹고 나면 전자적으로 밥값을 이체하는 게 일상화됐을 정도예요. 체크카드로 버스 요금을 내고 편의점에서 삼각김밥을 사 먹어요. 학원비는 통장을 이용해 계좌 이체로 내고 모바일 앱으로 필요한 물건을 주문·결제합니다. 이런 식으로 여러분도 며칠 동안 현금 없이 지내는 날이 자주 있을 거예요.

어른들도 마찬가지예요. 일상 거래에서 지폐나 동전 같은 '현금'을 사용하는 일이 급속도로 줄고 있어요. 이른바 '현금 없는 사회'가 되는 중이에요. 신용카드나 전자지갑 등 현금이 아닌 수단으로 거래하는 사회가 눈앞에 다가왔어요.

스웨덴은 2030년까지 현금 없는 사회로 이행하겠다는 목표를 적극적으로 추진하고 있습니다. 유럽에서 최초로 지폐를 만든 나라, 스웨덴이 제일 먼저 지폐를 없애겠다고 선언했으니 흥미롭지 않나요?

스웨덴은 현재 현금 사용률이 세계에서 가장 낮은 나라랍니다. 모든 가게에 카드리더기나 앱 결제 시스템이 갖춰져 있어요. 대중교통을 이용할 때도 현금으로 표를 살 수 없어요. 소매점은 현금을 거부할 수 있고요. 만약에 가게에서 거스름돈이 발생하면 통장이나 전자지갑에 넣어줘요. 교회도 신자들이 스위시Swish라는 모바일 결제 시스템으로 헌금을 내는 걸 선호하며, 노숙자도 스위시로 돈을 구걸합니다.

현금 없는 사회에는 분명 좋은 점이 있어요. 편리하다는 게 제일이겠지요. 현금을 가지고 다니지 않아도 되고 현금 거래에 따르는 불편함이 사라지며 시간도 아낄 수 있으니까요.

모든 거래가 전자적으로 기록되므로 거래 투명성도 높아질 거예요. 영수증을 발급해주지 않는다거나 탈세를 위한 거래가 어려워집니다.

중앙은행이 지폐나 동전을 발행하는 비용, 오래된 돈을 폐기하고 새 돈으로 교체하는 비용도 절약할 수 있어 경제적이기까지 해요. 남는 돈을 금고에 보관하고 안전하게 지키는 일에도 많은 돈이 들어가는데, 이런 비용도 아낄 수 있겠지요.

물론 현금 없는 사회로 가는 과정에서 문제점도 상당히 나타나고 있어요. 고령층, 장애인 등 취약계층을 중심으로 금융 거래

🔍 #현금_사용률 #전자지갑 #편의성 #투명성 #경제성 #금융_소외 #해킹 #개인_정보_유출

를 하는 데 상당한 어려움을 겪고 있답니다. 신용카드를 만들 수 없거나 전자기기 조작에 서투르거나 은행 계좌가 아예 없는 사람들도 많아요. 이런 사람들은 '금융 소외자'가 돼 원하는 거래를 하지 못하는 거지요.

해킹이나 오류에서 아직은 완전히 자유롭지 못한 점도 걸림돌이에요. 만약에 해킹이 이루어지거나 군사적인 목적에서 적이 해킹 공격을 한다면 한 나라의 금융 거래와 경제활동이 일시에 멈추고 개인 정보가 대량 유출되는 등 엄청난 혼란을 겪겠지요.

한국은행도 현금 없는 사회로 가기 위한 계획과 대책을 준비하고 있습니다. 우리나라도 현금을 사용해 결제하는 비중이 전체 거래에서 20% 아래에 머무르고 있어요. 현금 없는 사회가 우리 앞으로 바짝 다가왔다는 말이에요. 다만 한국은행은 스웨덴, 영국, 뉴질랜드 등 현금 없는 사회를 발 빠르게 추진하고 있는 나라에서 나타난 여러 가지 문제점에 주목하며 속도를 조절하고 있어요. "모든 국민이 화폐를 사용함에 있어 어떠한 불편도 겪어서는 안 된다"는 원칙을 세우고, 현금을 사용할 수 있는 권리도 보호하겠다는 거예요. 그렇다고 현금 없는 사회 자체를 거스를 수는 없을 것입니다. 우리나라는 2016년부터 일단 '동전 없는 사회'를 추진한 결과, 잔돈을 신용카드, 계좌, 교통카드, 포인트 등으로 송금하는 매장이 늘어나고 있습니다. 2021년부터는 일부 지역에서 버스의 현금 승차도 폐지했고요. 현금 결제를 허용하지 않는 매장도 늘어나고 있지요.

디지털 화폐
돈의 변화,
미래의 돈이 성큼 다가오다

역사적으로 돈은 다양한 모습을 하며 꾸준히 변신에 변신을 거듭해왔습니다. 그 가운데 현재 우리는 지폐나 동전의 모습을 지닌 돈을 쓰는 중이고요. 지폐도 언젠가는 우리 곁을 떠나고 새로운 모습의 돈이 그 자리를 꿰찰 거예요.

사용하기 더 편하고 효율적인 돈을 원하는 사람의 욕망은 쉽게 사그라들지 않을 테니까요. 미래의 돈이 정확히 어떤 모습일지는 아직 아무도 장담할 수 없지만, 사람들은 '전자적인 모습'을 지닐 것으로 예상합니다.

'디지털 화폐'라는 것이지요. 블록체인 기술을 활용해서 결제하는 시스템을 구축한다는 점에서 기존에 나와 있는 가상 자산(암호화폐)과 비슷해요. 다만 개인이 채굴할 수 있는 가상 자산과는 달리, 중앙은행이 주도해서 발행하는 겁니다. 그래서 이를 '중앙은행 디지털 화폐'Central Bank Digital Currency, 영어 약자로 CBDC라고 말해요. 쉽게 말하면 중앙은행이 지폐나 동전 형태로 발행하던 돈을 전자적 형태로 발행하는 거예요.

CBDC가 도입되면 개인은 은행에서 종이로 된 통장 대신에 전자지갑을 받아요. 이 전자지갑에 CBDC가 충전되고 전자지갑을 이용해 송금하거나 물건을 사면서 결제합니다. 신용카드를 사용하거나 모바일로 간편 결제를 하는 것과 근본적으로 다르지 않습니다.

CBDC는 우리나라를 비롯해 전 세계 중앙은행의 핵심 관심사 가운데 하나로 자리 잡았어요. 발 빠르게 움직인 국가가 중국이에요. 2020년부터 CBDC를 발행해 시범 운영에 들어갔으니까요.

아직은 CBDC에 대한 우려가 커요. 전자지갑을 통해 이루어지는 거래는 중앙은행이 모두 들여다볼 수 있으므로 이른바 '빅브라더'가 탄생하는 거예요. 한국은행은 이러한 우려에 대해서, 전자지갑의 주인이 누구인지에 대한 정보는 난수값으로만 제공되도록 하는 아이디어를 내놨어요. 그러면 CBDC가 어디서 어디로 이동했는지는 알 수 있으나, 그 돈을 준 사람과 받은 사람이 누구인지는 알 수 없는 거지요.

이 외에도 중앙은행이 CBDC를 도입하는 데 있어 해결해야 할 과제가 아직 많이 남아 있어요. 그래서 CBDC를 정식으로 도입한 국가는 아직 없습니다. 각국은 모의실험을 하며 계속 연구하는 중입니다.

현재 달러로 세계를 지배하고 있는 미국은 CBDC의 도입에 비교적 소극적이었어요. 달러의 위상이 떨어질까 염려했기 때문이랍니다. 그러던 미국도 최근 CBDC를 적극적으로 연구하기 시작했어요. 새로운 변화를 언제까지 무시하고만 있을 순 없었겠지요.

#전자적_형태 #블록체인 #가상_자산 #암호화폐 #중앙은행 #CBDC #전자지갑 #시범_운영

짠테크

마른 수건도 쥐어짜보자

젊은 사람들 사이에서 이른바 '짠테크'가 확산하고 있어요. 짠테크란 불필요한 소비를 가능한 줄이고, 조그마한 혜택이라도 최대한 활용해서 돈을 절약하겠다는 돈 관리 방법입니다. 돈에 인색한 사람을 표현하는 '짜다'와 재테크의 합성어예요.

영혼까지 끌어모아 적극적으로 투자에 나서는 '영끌'이나 '빚투', 한 번뿐인 인생을 즐기며 살겠다는 '욜로', 고가품 소비를 즐기는 '플렉스' 등과 반대되는 모습이지요. 무리하게 투자하다 실패의 쓴맛을 보느니 짠돌이로 살면서 성실하게 종잣돈을 모으는 편이 낫다고 생각한 사람들이 실천하는 게 짠테크랍니다.

편의점은 유통기한이 임박한 도시락을 할인 판매합니다. 이런 정보를 제공하는 플랫폼을 보고 할인 도시락으로 식사하면서 돈을 절약하는 게 짠테크의 한 사례예요. 웬만한 거리는 걸어 다니고, 필요한 물건이 생기면 중고 거래 사이트를 통해 싸게 사는 것도 그렇고요. 하루 지출을 극단적으로 줄이거나 아예 무소비로 지내는 챌린지도 유행이에요. 이 노력에 부응하듯, 회사들은 다양한 짠테크 기회를 제공해 고객을 모읍니다. 몇 가지만 볼게요.

A 은행은 앱에 접속해 출석 체크를 하면 10~100포인트를 지급해줘요. 포인트는 현금처럼 쓸 수 있죠. 하루 10초만 투자해도 한 달이면 커피값을 벌어요. MZ 세대 2명 중 1명은 이런 앱을 이용해 짠테크를 한다는 통계가 있어요. 덕분에 은행은 앱 이용자를 늘리고 특정 서비스에 가입하도록 유도하는 효과를 얻어요.

B 회사는 하루에 1만 보를 걸으면 100캐시를 보상으로 줘요. 캐시는 주요 사용처에서 현금처럼 사용할 수 있죠. 1만 보를 걸을 때마다 돈을 10~20원씩 적립해주는 은행도 생겼어요. 지도에 표시된 여러 곳을 방문하면 최대 100원을 더 주기도 해요. 건강도 챙기고 돈도 벌 수 있으니 이보다 좋은 짠테크는 없을 거예요.

틈틈이 앱으로 설문조사를 해주며 짠테크를 하는 사람도 있어요. 설문조사에 응하면 50원 정도를 받는 거예요. 시간을 쪼개 여러 개의 설문조사를 하면 꽤 괜찮은 수입이 된답니다.

사람들이 짠테크에 나서는 이유는 저성장, 경기 침체 등으로 미래가 불안정해졌기 때문이에요. 주식, 가상 자산 등에 투자해 돈을 버는 일이 말처럼 쉽지 않고, 월급도 만족스럽게 오르지 않자 짠테크로 눈을 돌린 겁니다.

Q   #영끌 #빚투 #욜로 #플렉스 #짠돌이 #무소비_챌린지 #포인트_적립 #저성장 #경기_침체

091

제1금융권

각자 역할이 있는 금융회사, 그중에도 형님이 있어요

우리나라에 여러 종류의 금융회사가 있음을 살펴봤어요. 다시 정리해볼게요. 우리나라 국민 대부분이 돈을 맡기거나 빌리는 은행이 대표적인 금융회사입니다, 이 외에 주식이나 채권에 투자하려면 증권회사와 거래해야지요. 그리고 펀드 같은 걸 만들어 판매하고 운용하는 자산운용회사도 있어요.

생명보험이나 손해보험 등 보험 상품을 판매해서 위험이 닥친 가입자에게 보험금을 지급해주는 보험회사도 금융회사이지요. 신용카드나 체크카드를 발급하고 관리하는 카드회사도 있어요. 이 외에 농협, 수협, 새마을금고, 신용협동조합, 상호저축은행도 금융회사예요. 신탁회사, 캐피탈이라는 금융회사도 있어요. 이처럼 금융회사의 종류가 많은 이유는 각각 특화된 금융 업무와 영역이 있기 때문이에요. 가령 은행은 보험 상품을 만들지 않아요. 보험회사는 개인의 예금을 받지 않고요. 주식투자를 하려면 이를 전문적으로 하는 증권회사와 거래해야 하고, 신용카드를 만들려면 신용카드 회사를 찾아야 해요.

이들 금융회사 가운데 맏형님은 은행이에요. 돈에 여유가 있는 사람에게서 예금을 받아 돈이 필요한 사람에게 대출해주고 여기에서의 이자 차이로 수익을 버는 곳이지요. 이들 은행을 통틀어 '제1금융권'이라고 부르기도 해요. 지방은행과 인터넷전문은행도 제1금융권에 해당하는 '은행'입니다. '제2금융권'이라는 말도 있지요. 은행을 제외하고 나머지 금융회사를 통틀어 부르는 용어랍니다. 예를 들어 상호저축은행, 새마을금고, 신용카드회사, 보험회사, 증권회사를 제2금융권으로 묶어 표현하는 거예요. 제1금융권, 제2금융권 같은 말은 공식적인 용어가 아니랍니다. 하지만 언론에서 또는 사람들이 일상 대화에서 자주 사용합니다.

제1금융권과 거래할 때 장점은 영업점이 많아 접근하기 쉽고 안전하다는 거예요. 대출 금리도 낮고 다양한 금융 상품을 거래할 수 있어 좋아요. 반면 예금 금리가 낮고 대출 조건이 까다로워 신용점수가 낮은 사람은 대출을 받지 못한다는 단점이 있어요.

제2금융권은 예금 금리와 대출 금리가 모두 높아요. 제1금융권에서 대출받지 못하는 사람이 제2금융권에서는 대출받는 경우가 많아요. 이따금 제1금융권도 제2금융권도 아닌 곳을 제3금융권이라고 말해요. 대부업체가 제3금융권에 해당합니다.

> #은행 #증권회사 #자산운용회사 #보험회사 #카드회사 #캐피탈 #제2금융권 #제3금융권

092

동학개미
영차 영차 차곡차곡 주식을 모아요

'개인'뿐만 아니라 증권회사, 보험회사, 자산운용사 등도 주식에 투자합니다. 은행도 주식에 투자해요. 이들을 모두 합쳐 '기관 투자자'라고 불러요. '외국인 투자자'도 있어요. 해외 국적을 가지고 우리나라 주식에 투자하는 투자자인데 대부분은 외국계 금융회사들입니다. 개인 투자자는 일반적으로 운용하는 돈의 규모가 작아요. 주식시장에서는 이처럼 소액으로 운영하는 개인 투자자를 '개미'로 표현해요. 여러모로 곤충 개미와 닮았기 때문이죠.

우선 '작다'는 이미지가 공통돼요. 기관 투자자나 외국인 투자자에 비해서 개인 투자자가 운용하는 돈의 규모는 작을 수밖에 없지요. 그러다 보니 개인이 주가에 영향을 미치는 힘은 약합니다. 이 역시 곤충 개미와 닮았지요. 그리고 개인 투자자는 적은 주식으로 열심히 거래해서 한푼 두푼 돈을 모으는데, 이 역시 개미가 차곡차곡 양식을 비축하는 모습과 비슷해요.

대규모 자금을 투자하는 개인도 더러 있어요. 이런 사람을

'슈퍼개미' 또는 '큰손'이라 불러요. 큰손은 개인임에도 수십억 또는 수백억 원의 자금을 동원할 능력이 있답니다.

2020년에 코로나 팬데믹으로 경제가 나빠지자 외국인 투자자들이 대규모로 우리나라 주식을 팔아치웠어요. 이때 개미들은 외국인들이 파는 주식을 적극적으로 사들였습니다. 주식을 싸게 살 수 있는 절호의 기회로 본 거죠. 외국인 투자자들이 팔려는 주식보다 개미들이 사려는 주식이 더 많았던 덕에 우리나라 주가가 올랐어요. 개미가 외국인 투자자와의 기 싸움에서 승리한 거죠.

이때 생겨난 말이 '동학개미운동'이에요. 외국인 투자자가 주식을 파는 것에 맞서 개인 투자자가 주식을 사들이는 현상이, 마치 과거 동학농민운동과 비슷하다는 데서 만들어진 이름입니다. 동학농민운동의 주장이 외국 세력에 의한 지배를 배척하고 조선의 자주성을 강화하자는 것이었음을 상기한다면, 동학개미운동이라고 부른 이유를 충분히 짐작할 수 있을 거예요.

이때부터 우리나라 주식에 주로 투자하는 개인 투자자들을 '동학개미'로 부릅니다. 이에 비해서 미국 등 해외 주식에 중점적으로 투자하는 개인 투자자를 '서학개미'라고 해요. 동학개미는 국내 주식파, 서학개미는 해외 주식파인 셈이죠. 우리나라의 동학개미에 해당하는 용어가 외국에도 있어요. '로빈후드'랍니다.

> Q #개인_투자자 #기관_투자자 #소액_투자 #외국인_투자자 #국내_주식 #해외_주식

093

핀테크
금융 시장에 불어온 혁명의 바람!
편리한 금융 생활을 위해서

금융은 다른 분야에 비해 변화가 상대적으로 느린 편이에요. 그도 그럴 것이 돈을 거래하는 일이므로 급격한 변화로 인해 오류나 문제가 생기면 큰일이기 때문이에요. 섣불리 신기술을 받아들이기보다는 신중하게 접근합니다.

그렇다고 변화에 언제까지나 무심할 수는 없어요. 정보통신 기술을 받아들인 금융에도 커다란 변화가 있었지요. 인터넷이 보급되기 전에는 돈거래를 하려면 예외 없이 금융회사 영업점을 방문해야 했어요. 영업점이 문을 닫은 저녁이나 주말에는 아무리 급해도 돈거래를 할 수 없어 발을 동동 구르는 일이 많았어요.

이제는 인터넷 뱅킹이 가능해져 컴퓨터와 인터넷 연결만 있다면 언제 어디서나 돈거래를 할 수 있는 편리한 세상이 됐습니다. 금융 혁신은 여기에서 그치지 않았어요. 모바일, 빅데이터, SNS 등 첨단 정보 기술을 기반으로 다양한 금융 서비스가 제공되고 있습니다.

이러한 현상을 가리키는 말이 '핀테크'fintech입니다. 금융을 의미하는 영어 'finance'와 기술의 영어 'technology'를 합친 말이에요. 앞에서 보았던 재테크와 비슷한 구조의 용어입니다.

핀테크의 대표적인 사례로 간편결제서비스를 들 수 있습니다. ○○페이 같은 이름이 붙어 있는 결제서비스 말이에요. '간편'이라는 단어가 붙은 이유는 기존의 신용카드 결제보다 절차가 간단하고 비용도 적게 들어서입니다. 모바일 기기에 계좌번호나 신용카드 번호를 미리 등록해놓으면 지문 인식이나 비밀번호 입력만으로 결제할 수 있어 매우 편리합니다.

스마트폰에 익숙한 젊은 사람들을 중심으로 ○○페이 같은 간편결제서비스의 이용자가 급속히 늘어나고 있어요. 업체들도 간편결제서비스를 적극 도입하고 있고요. 고객들에 대한 데이터를 확보할 수 있어서랍니다. 고객의 소비 패턴을 빅데이터화 함으로써 맞춤 마케팅을 할 수 있습니다. 충성 고객으로 만들어 다른 업체로 떠나지 않게 만들겠다는 목적이에요.

모바일 자산 관리 서비스도 있어요. 로보 어드바이저robo-advisor라고 들어봤나요? 미리 프로그램된 알고리즘을 이용해서 고객의 자산을 적절한 곳에 배분하거나 투자하도록 조언해주는 서비스에요. 인공지능 로봇이 사람을 대신해서 투자 관리를 해주

🔍 #파이낸스 #테크놀로지 #첨단_금융_서비스 #빅데이터 #충성_고객 #알고리즘 #인공지능

는 거지요.

앞에서 보았던 인터넷전문은행, 친구 사이에 음식값 나누어 내기, 회비나 경조사비 송금 서비스 등도 핀테크 덕분에 우리가 누리는 혜택입니다. 기술 발전 덕분에 우리의 금융 생활은 갈수록 편리해지고 있어요.

특정 브랜드나 특정 회사에 대해 좋은 마음을 지니고 있어 그 브랜드나 회사 상품을 반복해서 구매하는 사람들이 있습니다. 이런 사람들을 충성 고객loyal customer이라고 불러요. 흔히 '단골손님' 또는 '찐팬'이라고도 불리는 사람들이지요. 특정 연예인이나 특정 게임을 진정으로 좋아하는 팬들도 충성 고객인 셈입니다. 일반 고객 여러 명보다 충성 고객 한 명을 확보하는 게 기업에 여러 면에서 더 효과적이라고 해요. 충성 고객은 새 상품이 출시될 때마다 앞다퉈 그것을 구매하고 소식을 주변에 전파해주니까요. 기업이 굳이 마케팅 비용을 들이지 않아도 고객이 알아서 마케팅을 대신 해주는 거죠. 그래서 기업은 충성 고객을 확보하려고 다양한 전략을 쓰고 있어요. 마일리지 또는 포인트 제도가 대표적인 사례입니다. 상품을 구매한 고객에게 마일리지를 제공하고 마일리지 실적에 따라 등급을 구분하며 등급이 높아질수록 더 차별화되고 다양한 혜택을 제공해줍니다. 이 외에 기업이 고객에게 피드백을 요청하고 그 피드백을 진심으로 받아들이려고 노력하는 것, 개별화된 고객 맞춤 서비스를 제공하는 것 등도 고객 충성도와 고객 만족도를 높이는 데 도움이 돼요.

대포통장

금융범죄의 조연, 위법임을 잊지 말아요

우리나라에는 '금융실명법'이란 게 있어요. 모든 금융 거래를 실명, 즉 실제 이름으로 해야 합니다. 금융 거래는 본인 이름으로 하는 게 당연한데, 굳이 이런 법이 왜 필요했을까요? 이 법이 있기 전에는 사기, 세금 포탈, 뇌물 등의 불법적인 목적에서 다른 사람 이름의 통장을 개설해 악용하는 사례가 자주 발생했기 때문이에요.

지금은 어느 금융회사이든 통장이나 계좌를 개설하려면 반드시 본인임을 증명하기 위한 신분증이나 서류를 제출해야 합니다. 그런데 금융실명법이 있음에도 여전히 이를 따르지 않는 불법 행위가 남아 있어요. 대포통장이란 게 그래요.

'대포통장'은 통장에 새겨진 이름과 실제로 통장을 사용하는 사람이 다른 통장을 말해요. 다른 말로는 '차명계좌'라고도 해요. 다른 사람의 이름을 도용해서 만든 통장, 또는 존재하지 않는 사람의 이름으로 만든 통장 등이 대포통장이에요.

대포는 화약의 힘으로 포탄을 멀리 쏘는 무기이지만, 다른 한편으로 허풍, 거짓말이라는 뜻도 있어요. 대포통장은 두 번째 뜻에서 유래한 거예요.

대포통장을 만드는 사람들은 범죄자들입니다. 범죄 행위가 경찰에 적발되더라도 본인은 잡히지 않으려는 시도에서 대포통장을 이용하는 거지요. 비자금, 마약 거래, 보이스피싱, 인터넷 거래 사기 등에는 예외 없이 대포통장이 있습니다.

인터넷, 길거리 전단지, 구직사이트, SNS 등을 보면 '개인 통장을 비싼 돈 주고 산다' 또는 '이름만 잠시 빌려주면 후하게 사례한다' 같은 내용의 광고가 있어요. 급히 돈이 필요한 사람을 노리는 광고입니다.

"돈이 들어있지 않은 빈 통장만 넘겼을 뿐인데 무슨 문제가 되겠어?"하면서 안이한 생각으로 그리고 용돈을 벌 수 있다는 유혹에 넘어가, 대포통장을 만들어 넘겨주면 범죄를 간접적으로 도와준 꼴입니다.

그래서 대포통장을 만들어준 사람도 처벌받아요. 예금통장이나 현금카드 등을 다른 사람에게 양도, 대여, 판매하는 행위도 모두 위법입니다. 게다가 대포통장이 범죄에 이용되는 경우에는 형사처벌까지 받아요. 어떤 경우이든 자신의 이름으로 만든 통장을 다른 사람에게 빌려주거나 판매하면 안 됩니다.

대포폰이나 대포차도 있어요. 등록자 이름과 실제 사용자가 다른 핸드폰이 대포폰, 자동차가 대포차입니다. 대포통장과 마찬가지로 범죄에 사용할 목적으로 대포폰이나 대포차를 구해서 경찰의 추적을 따돌립니다. 특히 핸드폰을 잃어버리거나 절도를 당하면 대포폰으로 변질될 수 있으므로 주의해야 합니다.

🔍 #다른_사람_명의 #차명계좌 #금융실명법 #허풍 #범죄 #보이스피싱 #사기 #처벌 #대포폰

기축통화
돈에도 대장이 있다고?

해외여행을 하려면 여행지의 돈이나 미국 달러로 환전해야 합니다. 외국에서 우리나라 돈으로 음식값이나 호텔 요금을 낼 수 없어서지요. 기업이 밀가루를 수입할 때나 정부가 코로나 백신을 도입할 때도 우리나라 돈으로는 결제할 수 없어요.

국제 거래를 하려면 국제적으로 통용되는 돈을 써야 해요. 달러이지요. 달러 다음으로는 유로도 많이 쓰이고 있어요. 유로존에 속한 19개 나라, 약 3억 3천만 명의 인구만 쳐도 규모가 엄청나니까요. 달러와 유로가 국제 거래에서 차지하는 비중이 무려 80%나 돼요. 그 뒤를 영국 파운드가 따르지만 달러나 유로와의 격차가 상당히 크답니다.

국제 거래에서 기본으로 쓰이는 돈을 '기축통화'key currency라고 해요. '기축'은 좀 어려운 말이지만 토대, 중심이란 뜻입니다. 따라서 기축통화는 세계 경제의 토대가 되는 중심 화폐라는 뜻이지요.

역사적으로 보면 16~18세기에는 스페인 은화, 이후에는 영국 파운드가 기축통화였어요. 미국 달러는 2차 세계대전 이후 세계의 중심 화폐 자리를 꿰찼습니다. 우리나라 돈이 기축통화가 되면 얼마나 좋을까요? 해외여행 할 때마다 환전을 안 해도 되니까 무척 편리할 거예요.

도대체 어떤 돈이 기축통화가 될까요? 필요한 조건이 무엇일까요?

기축통화를 보유하는 국가는 당시의 초강대국입니다. 경제 규모와 경제력이 세계 최고 수준이어야 해요. 외교 영향력이나 군사력도 중요하지요.

더 나아가 국가 신용도가 높고 경제가 안정돼 있어야 합니다. 그래야 그 국가가 발행한 돈을 모두 신뢰하고 돈의 가치가 안정적으로 유지되기 때문이지요. 이들 조건에 부합하는 게 현재는 미국 달러입니다.

각국 중앙은행은 만일의 사태에 대비해 기축통화, 즉 달러를 확보해놓고 있어요. 한국은행이 보유하고 있는 외환 보유액 가운데 3분의 2가 달러예요. 미국과 군사적으로 정치적으로 심하게 대립하는 북한 사람들도 달러라면 반깁니다. 이게 기축통화의 위력이에요.

그렇지만 기축통화에도 그림자가 있어요. 국제 거래에서 제일 많이 사용되고 각국이 이런저런 목적으로 비축하므로 그만큼 돈을 많이 발행해야 해요. 통화량이 많아지면 돈의 가치가 점차 떨어지기 마련입니다.

현재 미국 경제의 위상이 과거만 못해요. 기축통화로서의 달러 위상도 예전만큼 대단하지는 않아요. 달러 다음의 기축통화가 무엇일지 무척 궁금합니다.

유로

같은 화폐를 사용하는 나라들
정치와 경제를 하나로

유럽 연합European Union, 즉 EU는 유럽 12개국이 정치와 경제를
하나로 통합하기 위해서 출범했습니다. 유럽 연합 회원국 전체에
공통의 법을 적용해서 하나의 시장으로 만들자는 취지였지요. 덕
분에 EU 회원국 사이에는 사람(노동), 재화, 서비스, 자본이 자유
롭게 이동할 수 있어요. 각종 정책도 공동으로 채택하고 있고요.
마치 하나의 나라처럼 되는 거예요. 진정한 하나의 나라가 되려
면 돈도 하나로 통일해야겠죠. 그러나 이는 쉬운 일이 아니었어
요. 자국의 화폐를 사용하지 못하고 '통화 주권'도 포기해야 하니
까요. 많은 걸림돌이 있었지만, "같은 화폐를 사용하는 국가들 사
이에는 전쟁이 일어난 사례가 없다"는 호소까지 더해지며 화폐
통합에 힘이 실렸습니다. 마침내 2002년에 그 결실을 봤어요.

유럽 연합 회원국 중 12개국(그리스, 네덜란드, 독일, 룩셈부르
크, 벨기에, 스페인, 아일랜드, 오스트리아, 이탈리아, 포르투갈, 프랑스,
핀란드)이 우선 자국의 돈을 포기하고 '유로'euro라는 돈을 단일

화폐로 사용하기 시작했거든요. 이후 자국 돈 대신 유로를 사용하는 국가가 더 늘어났지요. 이처럼 유로를 자국 돈으로 사용하는 국가들을 '유로존'euro zone이라고 불러요. 유로존은 유로를 발행하고 관리하기 위해 '유럽중앙은행'을 설립했어요. 개별 국가의 중앙은행이 하는 것처럼, 유럽중앙은행은 유로존 국가에 공통으로 적용되는 통화 정책을 세우고 금리를 결정한답니다.

유럽 연합의 회원국이라고 모두 유로를 쓰지는 않아요. 덴마크, 스웨덴, 폴란드는 유럽 연합 회원국임에도 자국 돈을 사용합니다. 노르웨이, 스위스, 아이슬란드, 우크라이나, 러시아는 유럽 연합 회원국도 아니고 유로도 사용하지 않는 국가입니다. 영국은 좀 더 특이한 사례예요. 원래는 유럽 연합 회원국이었지만 자국 통화인 파운드를 포기하지 않고 계속 사용했어요. 그러다가 2021년에 유럽 연합에서 탈퇴했답니다. 그러니 이제 영국은 유럽 연합 회원국도 아니고 유로도 사용하지 않아요.

유로가 워낙 널리 쓰이다 보니, 유로를 공식적으로 채택하지 않은 나라에서도 편의상 유로를 받고 있어요. 유럽을 여행하는 사람은 유로 한 가지 돈으로만 환전해도 큰 문제가 없다는 뜻이에요. 환전에 따르는 비용과 불편함을 피할 수 있게 된 거지요.

🔍 #유럽_연합 #회원국 #통화 #주권 #단일_화폐 #유로존 #유럽중앙은행 #브렉시트 #영국

환율
경제를 보는 창

유로를 단일 화폐로 사용하는 유로존 국가들을 제외하면 전 세계 국가 대부분은 서로 다른 돈을 자국의 화폐로 사용하고 있어요. 우리나라는 '원', 미국은 '달러', 영국은 '파운드', 베트남은 '동'이라는 돈을 쓰고 있지요.

닭 한 마리를 가지고 돼지 한 마리와 교환할 수 없듯이, 서로 다른 돈을 교환하려면 몇 대 몇으로 바꾸는 게 공정한지를 정해야 해요. 이게 '환율'입니다. 우리나라 돈과 다른 나라 돈을 교환하는 비율이지요. 예를 들어 미국 1달러를 받기 위해 우리나라 돈 1,100원을 줘야 한다면 원-달러 환율은 1,100원입니다. 이는 미국 '1달러라는 물건'의 값이 1,100원이라는 뜻이에요.

우리나라 돈과 일본 돈 사이에는 원-엔 환율, 우리나라 돈과 중국 돈 사이에는 원-위안 환율 등 많은 종류의 환율이 있어요. 그런데 우리가 제일 많이 거래하는 외국 돈이 미국 달러이고 달러가 기축통화이기도 하므로, 사람들이 그냥 환율이라고 하면 원-달러 환율을 말해요.

배추나 주식의 값이 수시로 변하는 것처럼, 환율도 수시로 변해요. 달러를 사려는 사람과 팔려는 사람 사이에서 환율이 오르고 내리는 거지요.

만약에 달러를 사려는 수요가 많아지면 달러 가격이 올라요. 달러의 몸값이 귀해졌으니 환율이 오르는 거예요. 환율이 오른다는 말은 우리나라 돈을 이전보다 더 많이 줘야 한다는 뜻이므로, 우리나라 돈의 가치는 떨어지는 거예요.

어떤 사람이 달러를 살까요? 해외여행을 가거나 외국에 있는 가족에게 달러를 보내려는 사람, 외국에서 원자재를 수입한 대가를 치러야 하는 회사도 달러를 살 겁니다.

반대로 달러를 팔려는 공급이 많아지면 달러 가격이 내려요. 시장에 달러가 흔해졌으니 환율이 내리는 거지요. 이 말은 우리나라 돈의 가치가 오른다는 뜻이고요.

어떤 사람이 달러를 팔까요? 물건을 수출하고 달러로 대금을 받은 회사가 달러를 팔아요. 달러를 팔아 우리나라 돈으로 바꿔야 직원에게 월급도 주고 외상으로 구매한 부품값도 지급할 수 있으니까요.

미국이 금리를 올리거나 내려도 환율이 변해요. 만약 미국이

#원 #달러 #파운드 #교환하는_비율 #기축통화 #수요 #공급 #돈의_가치 #금리 #전쟁 #금

금리를 올리면 달러를 미국 통장에 넣어두기만 해도 이자를 더 많이 벌 수 있게 됩니다. 따라서 우리나라에 투자한 달러를 거둬서 미국으로 옮기는 투자자들이 생겨요. 달러가 미국으로 빠져나가므로 우리나라에 달러가 줄어드는 거지요. 그만큼 달러가 귀해지니 가격이 오르고 환율도 오릅니다.

전쟁이나 코로나 팬데믹 등으로 세계 경제가 불안정해지면 환율이 영향을 받아요. 불안정한 상황에서는 비교적 안전한 자산인 금이나 달러의 인기가 좋아집니다. 달러를 사려는 사람들이 많아지므로 달러 몸값이 비싸지고 환율도 오르겠지요.

이처럼 환율은 많은 요인에 의해 오르고 내려 그 흐름을 이해하기 쉽지 않은 게 사실이에요. 하지만 환율, 즉 달러의 값도 시장에서 달러의 수요와 공급에 의해 결정된다는 사실 하나만 알고 있으면 상당 부분을 이해할 수 있습니다.

환전하려는 사람들에게 환율은 매우 중요한 관심사입니다. 이왕이면 싼 값에 외국 돈을 환전할 수 있다면 그만큼 돈을 절약할 수 있어서이지요. 해외여행이나 외국 출장을 가려는 사람, 외국에서 물건을 수입하고 대금을 결제해야 하는 회사, 외국에 진 빚을 갚아야 하는 회사와 국가 등이 모두 같은 처지가 됩니다. 만약 1만 달러가 필요하다면 환율이 1,000원일 때 우리나라 돈 1,000만 원을 마련해야 해요. 그런데 환율이 1,100원으로 올라 달러 몸값이 비싸지면 우리나라 돈 1,100만 원이 필요해요. 환율이 오른 탓에 100만 원이나 더 들어가는 거지요.

기준금리

기준! 모두 나를 따르라!

돈을 공짜로 빌릴 순 없어요. 돈을 빌릴 때는 원금에 대출 금리를 곱한 금액에 해당하는 대출 이자를 내야 합니다.

반대로 은행에 돈을 맡기면 예금 금리에 해당하는 이자를 받아요. 만약 국채에 투자해서 정부에 돈을 빌려준다면 국채 금리에 해당하는 만큼을, 회사채에 투자해서 어느 주식회사에 돈을 빌려준다면 회사채 금리에 해당하는 만큼의 이자를 받지요.

이 외에도 세상에 존재하는 금리는 그 종류를 열거하기 힘들 정도로 많아요. 누구와 누구 사이에 어떤 방식으로 돈거래를 하느냐에 따라 각각 그에 해당하는 금리가 적용되기 때문이죠. 예를 들어 콜 금리, CD 금리, CP 금리, LIBOR 금리, KORIBOR 금리, COFIX 금리 등입니다. 이런 금리들을 하나하나 설명하려는 게 아니라, 매우 다양한 금리가 있다는 사실을 말하려는 것뿐이에요. 이들 금리가 서로 아무 관계 없이 마구잡이식으로 정해지는 게 아니에요. 나름대로 질서가 있어요. 이들 금리가 정해질 때 기준점이 되는 금리가 하나 있어요. 바로 '기준금리'base rate예요. 모든 금리의 '기준'base이 된다는 뜻에서 만들어진 이름이지요.

기준금리는 각 나라를 대표하는 금리입니다. 각국 중앙은행이 물가와 경제 상황을 고려해서 결정해요. 그래서 '정책금리'라고도 불러요. 한국은행이 기준금리를 올렸다고 해봅시다. 먼저 예금 금리가 올라요. 예금 금리가 오르니 대출 금리도 따라서 올라가요. 그 밖에 국채 금리나 회사채 금리도 연동해서 오르고요. 이제 기준금리의 역할을 이해할 수 있을 거예요.

기준금리가 중요한 이유는 이에 따라 온갖 금리가 달라지고 개인, 가정, 회사의 경제활동에도 지대한 영향을 미치기 때문이에요. 이를테면 한국은행이 기준금리를 올리면 예금 금리가 오르니 사람들이 예금을 늘립니다. 이자를 더 많이 벌 수 있으니까요. 예금을 늘리려면 소비를 줄여야 할 거예요. 또 기준금리가 오르면 대출 금리도 오르니 대출을 받으려는 사람들이 줄어들어요. 대출을 받아 집을 사려는 개인이 줄어드니 부동산 거래가 위축됩니다. 대출을 받아 새 사업에 투자하려던 계획을 취소하는 회사들이 생겨납니다. 이처럼 한국은행이 정하는 기준금리는 우리 생활과 매우 밀접하게 연결돼 있어요. 신문 기사나 뉴스에 기준금리 이야기가 많이 나오는 이유가 여기에 있습니다.

Q   #기준점이_되는_금리 #중앙은행 #정책금리 #물가 #경제_상황 #대출_금리 #생활과_밀접해

099

통화 정책
기준금리로 경제를 바꿔보자

한국은행이 기준금리를 올리거나 내리면 경제가 영향을 받아요. 뒤집어 얘기하면, 한국은행은 경제 상황을 바꾸려고 기준금리를 조절해요. 이처럼 한국은행이 물가와 경기를 안정시키려고 기준금리를 조절하는 걸 '통화 정책'monetary policy이라고 부릅니다.

어느 나라든지 물가가 안정되고 실업자는 적으며 성장률이 높은 경제를 만들려고 합니다. 그런데 이게 정부의 마음대로 되지 않아요. 갑자기 물가가 빠르게 올라 서민들의 생활을 어렵게 하거나, 일자리가 줄어들어 취업하지 못하는 사람이 많아집니다.

그렇다고 정부가 강제로 직원을 즉시 채용하라고 회사에 명령하거나, 물가가 오른다고 식당에 음식값을, 가게에 물건값을 내리라고 강제할 수도 없는 없어요. 우리나라는 수요와 공급에 의해 가격이 자유롭게 결정되는 '시장 경제'market economy니까요. 이런 상황에서 정부가 쓸 수 있는 카드가 '경제 정책'입니다. 경제 정책에는 통화 정책과 재정 정책이 있어요. 이 중 통화 정책은 중앙은행이 기준금리를 올리거나 내려서 물가 안정, 실업자 축소, 경제 성장 등을 달성하려는 조치입니다. 중앙은행이 기준금리를 내리면 소비자는 자발적으로 소비를 늘리고, 회사는 새 사업을 위해 투자를 늘려요. 덕분에 경기가 활발해집니다. 장사가 잘되니 가게는 종업원을 늘리고 회사는 직원을 새로 채용합니다.

코로나19가 막 발발했을 때를 기억하고 있을 거예요. 사회적 거리두기 조치로 일상생활이 멈추고 외식조차 하지 않았어요. 외국 관광객의 발길도 뚝 끊겼고요. 손님이 없으니 식당과 가게가 문을 닫고 심각한 경기 침체를 겪었지요. 이때 한국은행은 기준금리를 크게 내렸어요. 죽어가는 경기에 산소를 공급해 경기를 살리려는 취지에서였죠. 이게 통화 정책입니다. 만약 중앙은행이 기준금리를 올리면 위와 반대되는 현상이 나타나겠지요. 인플레이션이 심해져 물가를 안정시킬 필요가 있을 때 중앙은행이 내미는 통화 정책 카드랍니다.

정부의 두 번째 카드, '재정 정책'fiscal policy에서 '재정'이란 정부의 수입과 지출에 관련된 모든 활동을 말합니다. 정부가 하는 나라 살림살이죠. 경기를 활성화하려면 정부는 재정 씀씀이(재정 지출)를 늘려요. 지원금을 늘리거나 정부가 직접 공공사업을 시작해서 경제활동이 활발해지도록 부채질을 하는 거예요.

Q #물가_안정 #경제_성장률 #시장_경제 #정책 #중앙은행 #기준금리 #재정_정책 #경기

100

제로금리

이자를 내지 않고
돈을 빌릴 수 있다면?

중앙은행은 기준금리를 올리거나 내려 물가를 안정시키고 경제를 원하는 방향으로 이끈다고 했지요. 경기가 부진해 경기를 살릴 필요가 있을 때 중앙은행은 기준금리를 내립니다. 그래도 경기가 좋아지지 않으면 또 기준금리를 내려요. 경기가 좋아질 때까지 계속 내려요. 이런 식으로 중앙은행이 기준금리를 내리다 보면 기준금리가 거의 0%에 가까워집니다. 이런 상태를 '제로금리'라 불러요. 말 그대로 기준금리가 0%라는 뜻입니다. 정말로 기준금리가 0%이면 당연히 제로금리이지만, 0%가 아니더라도 0.1%처럼 거의 0%에 가깝더라도 (사실상) 제로금리라고 불러요.

금리가 제로라는 말은 예금하더라도 이자를 받지 못한다는 뜻이에요. 사람들이 굳이 은행에 예금할 필요를 느끼지 못하겠지요. 단지 돈을 은행에 안전하게 맡기려는 목적이 아니라면 굳이 예금할 동기가 없어요. 여윳돈이 있는 사람은 소비하는 데 쓰거나 주식이나 부동산에 투자해요.

제로금리는 대출할 때도 이자 부담이 거의 없다는 뜻이기도 합니다. 이자라는 게 사실상 의미가 없어지는 거예요. 돈을 빌리는 부담이 거의 없으므로 기업이 돈을 많이 대출받아 투자에 나서기 시작합니다. 돈을 빌려 집을 사거나 주식에 투자하려는 개인도 많아집니다. 이래저래 경기가 활성화되는 데 도움이 돼요.

그렇다면 정말 제로금리를 경험한 국가가 있을까요? 일본을 예로 들 수 있어요. 1990년대 초 부동산 버블이 꺼지면서 일본 경제가 심각한 경기 침체에 빠졌어요. 경기를 살리려고 일본 중앙은행이 계속 금리를 내리다 보니 제로금리가 됐어요. 그러나 제로금리임에도 일본 경기는 기대한 만큼 회복되지 않았답니다.

그만큼 당시 일본의 경기 침체가 심각했다는 뜻이에요. 이런 상태가 20년 정도 계속됐어요. 사람들은 이 시기를 '잃어버린 20년'이라고 표현해요. 경제가 거의 성장하지 못한 채 제자리걸음을 하거나 오히려 뒷걸음질 쳤으므로 20년을 그냥 날려버린 꼴이라는 뜻이 담겨 있지요.

돈을 빌리려는 사람이나 기업은 이자 부담이 줄어드니 제로금리를 반길지 모르겠습니다. 하지만 제로금리는 결코 좋은 소식이 아니에요. 금리가 0%에 이를 만큼 경제가 나쁜 상태라는 뜻이니까요.

🔍 #기준금리 #0에_가까워 #버블_경제 #일본 #경기_침체 #잃어버린_20년 #마이너스_금리

101

국가 신용등급
돈을 못 갚는 나라가 있다고?

개인이나 회사뿐만 아니라 정부도 돈을 빌린답니다. 걷는 세금보다 써야 할 돈이 많으면 나라 살림, 즉 '재정'이 적자가 돼요. 그렇다면 정부도 어쩔 수 없이 돈을 빌려야 합니다.

정부는 외국에서 돈을 빌리기도 해요. 예를 들면 외국에 있는 투자자들로부터 돈을 빌리죠. 외국 투자자들도 "돈을 빌려 간 국가가 원금과 이자를 약속대로 잘 갚을까?" 하고 염려하긴 마찬가지예요. 지금까지 몇몇 국가가 돈이 없어 갚지 못하겠다고 한 적이 있거든요. 은행이 개인의 신용도를 참고해서 대출 여부를 결정하는 것처럼, 국가도 신용도를 따져 대출 여부를 판단해요. 국가 신용도는 영어 알파벳으로 된 신용등급으로 매겨요. 예를 들어 신용도가 최상위인 국가는 신용등급이 AAA예요. 바로 아래 수준의 신용등급은 AA+이며, AA, AA− 등으로 이어져요.

신용등급이 낮은 국가는 국제 시장에서 돈을 빌리는 데 어려움을 겪어요. 투자자가 나오더라도 금리가 높아 이자를 많이 부담해야 해요. 정부가 갚아야 할 이자는 국민의 세금에서 나오므로 결국은 국민의 부담이 늘어나는 거죠. 국가 신용등급이 일상생활에도 영향을 미친다는 사실을 알 수 있어요.

우리나라의 신용등급이 오르면 한국 경제가 잘 돌아가고 있고 대한민국에 돈을 빌려줘도 떼일 염려가 적음을 공식적으로 인정받는 거예요. 그러면 믿고 한국에 투자하려는 외국인 투자자들이 늘어나고, 금리도 낮아집니다. 우리나라 신용등급은 최상위는 아니더라도 상위권으로 양호한 편입니다. 이 말은 아직 더 좋아질 여지가 있다는 뜻이죠. 경제가 더 빨리, 더 안정적으로 계속 성장하고 정치적, 사회적으로 혼란이 줄어든다면 우리나라 신용등급이 최상위권으로 진입할 수 있을 거예요.

여기에서 궁금증이 하나 생겨요. 국가 신용등급은 누가 정할까요? UN, 아니면 세계은행이나 IMF 같은 국제기구일까요? 아닙니다. 놀랍게도 민간 회사가 정해요. 신용평가만 전문적으로 하는 '신용평가회사'가 있어요. 스탠더드 앤 푸어스 S&P, 무디스 Moody's, 피치 Fitch Ratings는 세계 3대 신용평가회사예요. 이들은 국가의 재정 상태, 경제 성장 가능성, 빚의 규모, 산업 경쟁력, 안보 상황, 정치적 안정 등 여러 요소를 종합적으로 점검해 국가 신용등급을 매겨요. 국가 신용등급은 국가의 종합 성적표인 셈이죠.

Q 　#국가_재정 #정부 #신용도 #신용평가회사 #재정_상태 #안보 #정치_상황 #산업_경쟁력